# MÉMOIRE
## HISTORIQUE
### SUR LA BIBLIOTHÈQUE
#### DITE
## DE BOURGOGNE.

# MÉMOIRE
## HISTORIQUE
#### SUR LA BIBLIOTHÈQUE
##### DITE
## DE BOURGOGNE,
#### PRÉSENTEMENT
#### BIBLIOTHÈQUE PUBLIQUE
## DE BRUXELLES;
##### Par M.ʳ DE LASERNA SANTANDER,
Correspondant de l'Institut national et Bibliothécaire
de ladite Bibliothèque.

A BRUXELLES,
De l'Imprimerie de A. J. D. De Braeckenier,
Imprimeur-Libraire, Marché-aux-Fromages.

*Et se trouve à Paris,*
Chez les Frères Tilliard, rue St.-André-des-Arcs,
n.° 16.

1809.

Deux Exemplaires ont été déposés à la Bibliothèque Impériale.

## AVERTISSEMENT.

J'ai lieu d'espérer que les Gens de Lettres trouveront ce petit Ouvrage assez curieux pour mériter leur approbation : on a tâché de suppléer à ce qu'il y manque d'agréable par quelques Anecdotes littéraires, qui, j'en suis certain, intéresseront le Lecteur. J'ai cru d'abord, pouvoir me tenir strictement au récit des événemens relatifs à l'établissement de la Bibliothèque dite de Bourgogne, à ses progrès et à sa décadence ; mais l'Histoire d'une Bibliothèque est si étroitement liée avec l'Histoire Littéraire en général, qu'on ne saurait séparer tout-à-fait ces deux objets, sans rendre la narration aussi sèche que stérile.

En parlant de l'établissement d'une Biij AVERTISSEMENT.

bliothèque et des manuscrits qui la composent, il est naturel de dire quelque chose de leurs Auteurs et de l'état où se trouvaient les Lettres à l'époque où ces ouvrages furent composés ; quand on fait mention des Arts, peut-on passer sous silence les Hommes qui les ont illustrés ? Cependant, pour ne pas interrompre le fil de la narration par des digressions un peu longues, j'ai fait placer à la fin du volume, par forme de Notes, sous les lettres A. B. C., 1.º une Notice historique de tous les Poëtes, originaires de la ci-devant Belgique, qui ont fleuri avant l'an 1500 ; 2.º une seconde Notice très-curieuse sur les anciennes Institutions littéraires des Provinces des Pays-Bas, connues sous le nom de CHAMBRES DE RHÉTORIQUE ; 3.º des remarques sur l'état de la Musique dans les Pays-Bas, sous le Gouvernement de Marguerite d'Autriche, Duchesse douairière de Savoye, et sur les plus célèbres Musiciens Belges qui ont fleuri avant et pendant son Gouvernement.

## AVERTISSEMENT.

Avant de finir cet Avertissement, je ne dois pas laisser ignorer à mes Lecteurs les obligations que j'ai à M.<sup>r</sup> Gérard, ancien Secrétaire de l'Académie Impériale et Royale de Bruxelles, Membre des Académies des Sciences et Belles-Lettres de Zélande et de Leyde, ainsi que de la ci-devant Académie de Besançon. Possesseur d'une Bibliothèque nombreuse, où, pendant le cours de cinquante ans, il a rassemblé, tant en Livres imprimés qu'en Manuscrits, tout ce qu'il y a de plus curieux et de plus utile sur l'Histoire générale et particulière de la Belgique ; ce respectable Littérateur a bien voulu me communiquer plusieurs Notices intéressantes, et entre autres un Mémoire très-curieux, qu'il avait rédigé dans la vue d'en faire lecture dans une des Séances de l'Académie de Bruxelles, sur les anciennes Institutions littéraires des Pays-Bas, connues sous le nom de Chambres de Rhétorique, dont on trouvera l'extrait à la fin de ce volume, sous la lettre (*B*).

## AVERTISSEMENT.

M.<sup>r</sup> Gérard conserve un grand nombre de Notices intéressantes sur divers points de l'Histoire civile, politique, littéraire et commerciale, ancienne et moderne de la ci-devant Belgique : ces Notices ont été rédigées par lui-même sur des pièces authentiques, qui ont existé dans les Archives du ci-devant Gouvernement Autrichien, et d'après les nombreux ouvrages inédits, dont il est possesseur.

# MÉMOIRE
## HISTORIQUE
SUR LA

BIBLIOTHÈQUE, DITE DE BOURGOGNE,

PRÉSENTEMENT

## BIBLIOTHÈQUE PUBLIQUE

DE LA VILLE DE BRUXELLES.

JE ne doute pas que les curieux de notre histoire de la ci-devant Belgique, ne voient avec plaisir la notice, que je leur présente ici, de la Bibliothèque publique de la Ville de Bruxelles; je suis d'autant plus fondé à le croire, qu'indépendamment du silence de nos historiens à cet égard, cette Bibliothèque peut être comptée parmi les Bibliothèques les plus anciennes de l'Europe.

En effet, si elle conserve encore de nos jours le nom de BIBLIOTHÈQUE DE BOURGOGNE, pour avoir été augmentée et enrichie par les souverains des Pays-Bas de la maison de Bourgogne, et particulièrement par les soins de Philippe-le-Bon, protecteur distingué des lettres, il n'est pas moins vrai que son commencement est d'une date beaucoup plus reculée, que nous pouvons positivement assigner au temps des anciens Comtes de Flandres, qui ont régné dans le XII.e siècle, et dont la maison de Bourgogne devint ensuite l'héritière, par le mariage de Philippe-le-Hardi, fils puîné de Jean-le-Bon, roi de France, avec Maguerite, fille de Louis III, dit de Male, dernier Comte de Flandre. Les arts, le commerce et l'industrie, qui, comme on sait, ont été si florissans dans la Belgique sous le gouvernement de ces anciens Comtes, nous fournissent une preuve non équivoque de la protection que le Gouvernement accordait pour lors aux lettres, source des progrès des arts et de l'industrie nationale.

Nous ne dissimulerons pas que nos anciens historiens, uniquement occupés, selon le goût du temps, à décrire les guerres, les batailles, les prouesses de leurs chevaliers et les troubles intérieurs qui ont agité si souvent la Belgique, ont totalement négligé, dans leurs écrits, la partie intéressante de l'histoire littéraire, nous laissant à

cet égard dans une parfaite ignorance; de manière
que si parmi le grand nombre de gens de lettres,
qui ont illustré nos provinces, les noms de Jean
Bodel; de Trésorier de Lille; de Richard de Lille;
de Michiaux de Gand; de Jehan le Nivellois; de
Jaquemars Gielée; de Philippe Monoke de Gand;
de Jehan de la Fontaine de Valenciennes, etc. etc.
sont parvenus à notre connaissance; c'est aux savans étrangers, et aux recherches des littérateurs
français, que nous en sommes redevables. Quelques ouvrages de ces anciens poëtes, échappés au
ravage du temps et conservés dans les bibliothèques de France, ont donné occasion à ces littérateurs d'en faire mention particulière et de les ran-
ger, bien ou mal-à-propos, parmi les gens de
lettres de leur nation (1).

Cependant les ouvrages dédiés et présentés par
plusieurs de ces auteurs à quelques anciens Comtes de Flandres, nous font voir clairement, que les
lettres étaient cultivées dans nos provinces malgré
le malheur du temps; ils nous prouvent aussi quel-
les étaient la faveur et la protection que ces souv-
verains accordaient aux littérateurs et avec quel

---

(1) Voyez à la fin de ce Mémoire la note (*A*).

empressement ils accueillaient leurs ouvrages, qu'ils avaient soin de conserver comme des objets précieux : aussi les personnes auxquelles on confiait le soin des bibliothèques portaient-elles le titre de *Garde-Joyaux*. En effet, c'est aux personnes de considération, dont le goût pour les arts est bien connu, que les auteurs préfèrent de dédier leurs ouvrages.

Christien de Troye, qui fut attaché à Philippe d'Alsace, Comte de Flandre, mort en l'an 1194, dédia à ce Comte deux ouvrages, dont l'un est intitulé le *Roman de Perceval*; & l'autre le *Roman de Saint Graal* : ces deux ouvrages se trouvaient encore dans la bibliothèque de Bourgogne à Bruxelles en 1794, d'où ils ont été transportés à Paris par les commissaires d'instruction publique.

Les vers suivans, par lesquels Christien de Troye commence son Roman de Saint Graal, prouvent qu'il le composa pour Philippe d'Alsace, Comte de Flandre.

 Qui petit seme petit cuelt
 Et qui auques recoeuillir velt
 En tel leu sa semence espande,
 Que fruit a cent doubles lui rende :

> Car en terre qui rien ne valt
> Buene semence seche et falt.
> Christians seme et fet semence
> D'un Romans que il encommence
> Et si le seme en si buen leu,
> Qu'il ne puet estre sans grant preu,
> Qu'il le fet por le plus preudhomme
> Qui soit en l'Empire de Romme,
> C'est li QUENS PHELIPE DE FLANDRES.

Il ajoute encore :

> Christians qui entent et paine
> A rimoyer le meillor conte
> Par le commandement le conte,
> Qu'il soit contez en cort royal,
> Ce est li contes del Graal,
> Dont *li quens li bailla le livre.*

Ces derniers mots sembleraient prouver que le Comte Philippe d'Alsace possédait, dans sa bibliothèque, le Roman de Saint Graal, écrit en prose, et qu'il le prêta à notre Christien de Troye, pour le mettre en vers français.

Une femme nommée Marie, connue parmi les littérateurs français sous le nom de *Marie de France*, probablement parce qu'elle se dit née en France, traduisit de l'anglais en français les fables d'Esope, à l'usage de Guillaume de Dampierre qui gouvernait la Flandre conjointement avec Marguerite, dite de Constantinople, sa mère, morte en l'an 1251. On lit à la fin de sa traduction ce qui suit :

 Au finement de cest ecrit
 Me nommerai par remembrance
 Marie ai nom, si suis de France
 . . . . . . . . . . . . . . . . . . . . .

 . . . . . . . . . . . . . . . . . . . . .
 Por l'amour au comte Guillaume
 Le plus vaillant de cest Royaume
 M'entremis de cest livre faire
 Et de l'Englois en Romans traire.

Cette femme poëte, qui, quoique née en France, avait été élevée dans la Flandre, d'où plusieurs raisons portent à croire qu'elle tirait son origine, composa également *le Purgatoire de St. Patrice*, dont M.r le Grand a donné l'extrait dans ses Fabliaux et Contes, ainsi qu'un autre traité inconnu aux littérateurs français, ayant pour titre : *La Manière et facture des Monstres des hommes, qui sont en Orient et plus en Inde* : les vers suivans, qu'on y lit à la fin, prouvent que c'est l'ouvrage de Marie, dite de France.

>Desormais voel finer cest livre
>Car je voel rendre delivre
>A caus ki amerent le conte
>Por cui j'ai mis cest livre en conte
>Apres *les Fables d'Ysopet.*

Il est encore fait mention de ce Comte Guillaume dans le *Roman de Judas Machabée*, fait par Gaultier de Belle-Perche, qui florissait vers l'an 1270.

>Il y est parlier d'un Monsier Guillaume
>Qui de l'empire et du Royaume
>Porte le pris de Chevalier
>Et di Preudhomme droiturier
>En Flandre doit avoir son iestre.

Gui de Dampierre, Comte de Flandre et frère dudit Guillaume, qui mourut en l'an 1304, aima particulièrement les lettres; aussi les poëtes du temps, dont il était le protecteur, lui donnèrent l'épithète de Père, comme il appert par les vers suivans, extraits du *Roman d'Ogier le Danois*, fait par Adenez, surnommé le Roi, attaché à Henri III, duc de Brabant.

> Li jongleur devront bien plorer —
> quant il moura, car moult pourront aller
> ains que tel Pere puissent recouvrer.

Ces jongleurs ou poëtes étaient devenus plus en vogue dans nos provinces depuis l'établissement de ces anciennes sociétés littéraires, jadis si célèbres, connues sous le nom de *Chambres de Rhétorique*, lesquelles accordaient et distribuaient des prix à diverses époques, aux auteurs des meilleures pièces de poésie et de moralité. Ces chambres de rhétorique, qui avaient pris naissance sous nos anciens Comtes de Flandre, lesquels se sont toujours fait un plaisir de les protéger et de les encourager, étaient déjà établies, non-seulement dans les principales villes des Pays-Bas, mais aussi dans plusieurs bourgs et villages, lorsque dans toute l'étendue de la France l'on ne connaissait aucune autre institution en ce genre que les jeux Floraux de Toulouse (1).

Tous

---

(1) Voyez au sujet de ces Chambres de Rhétorique la note (*B*) à la fin du volume.

Tous ces anciens manuscrits, dont nous venons de parler et plusieurs autres qui se trouvaient encore en 1794 dans notre Bibliothèque, dite de Bourgogne, à Bruxelles, provenaient indubitablement de la bibliothèque privée des anciens Comtes de Flandre, dont Philippe-le-Hardi, duc de Bourgogne, devint le possesseur par son mariage avec Marguerite, fille unique et héritière de Louis dit de Mâle, dernier de ces Comtes, mort en l'an 1383.

Philippe-le-Hardi, qui aimait les lettres, eut soin, malgré les troubles du temps, de conserver la collection de livres, qu'il avait recueillie de la succession de Louis de Mâle, et même de l'augmenter de plusieurs ouvrages.

En effet, sans compter ceux où l'on ne trouve pas d'indication certaine, nous ferons ici mention de quatre, écrits sur vélin, qui se trouvaient encore dernièrement dans notre Bibliothèque de Bourgogne, et qui proviennent incontestablement de ce prince; savoir:

1.º *Les Dialogues de S. Grégoire, Pape*, MS. sur vélin, in-fol.

On lit à la fin du volume cette note : *Ce livre est à Jehan, fils du Roi de France, Duc de Berry et d'Auvergne, etc.* Signé *Jehan.* Et plus bas :

*Mr. de Berry le donna à Mr. de Bourgogne.*

2.° *Joseph de l'Ancienneté des Juifs.* MS. grand in-fol.

On y voit également la signature du duc de Berry, qui probablement en fit présent, avec le précédent, à Philippe, duc de Bourgogne.

3.° *Le Livre de la Fleur des Histoires.* In-fol., sur vélin.

4.° *Le Livre de toutes les Cités du Monde.* In-fol., sur vélin.

Dans l'inventaire des livres du duc de Berry il est fait mention de ces deux ouvrages, comme lui ayant été donnés en présent par Philippe-le-Hardi, duc de Bourgogne : il est donc très-apparent que Philippe-le-Hardi, ayant fait tirer deux copies de ces deux ouvrages, en fit présent au duc de Berry en mémoire du service signalé que ce duc lui avait rendu dans la bataille de Poitiers, et particulièrement dans celle de Rosebecq en 1382 contre les Gantois révoltés.

Philippe-le-Hardi étant mort en 1404, il n'est pas douteux que Jean-sans-Peur, son fils n'ait suivi les traces de son père à cet égard ; mais quel qu'ait été le zèle de ces princes et de leurs prédécesseurs les anciens Comtes de Flandre pour les lettres, aucun n'a égalé, du moins en fait d'amour pour les livres, le duc Philippe, surnommé le Bon.

Ce prince, sous qui la maison de Bourgogne fut élevée au rang des premières puissances de l'Europe, se donna tant de soins pour augmenter et enrichir sa bibliothèque, que, selon le témoignage d'un auteur contemporain, elle était regardée, en 1443, comme la plus riche et la plus considérable du monde. Voici, à ce sujet, l'extrait ou le passage du prologue de la Chronique de Naples, écrite en l'an 1443 par David Aubert, natif de Hesdin, dans l'Artois, laquelle se trouve cotée dans le catalogue de la bibliothèque du roi, n.° 6766 : *A cestui,* y est-il dit, *present volume este grosse et ordonne pour le mettre en sa librairie,* ( de Philippe, duc de Bourgogne ) *où autrement et non obstant que ce soit le prince surtout autres, garny de la plus riche et noble librairie du monde, si est il moult enclin et desirant de chascun jour laccroistre comme il fait pour quoi il a journellement et en diverses contrées grands clercs, orateurs, translateurs et escripvains à ses propres gages occupéz, etc.* (1).

Ce témoignage est très-positif, et il prouve parfaitement le goût décidé du duc Philippe-le-Bon pour les livres, les frais et dépenses qu'il faisait pour le satisfaire et pour enrichir sa collection.

Le nombre considérable d'anciens manuscrits qu'on trouve dans plusieurs bibliothèques de l'Europe, provenans des débris de celle de Bourgogne et dont la dispersion fut occasionnée sans doute par les troubles, qui ont agité la Belgique au XVI.ᵉ siècle, corroborent et confirment le récit et le témoignage de David Aubert.

Nous pourrons ajouter encore à l'appui de cette vérité, que malgré l'incendie de la cour de Bruxelles en 1731; malgré l'incurie et l'insouciance inconcevable de l'administration de la Belgique; malgré le pillage et l'enlèvement considérable des manuscrits fait par les Français, après la prise de Bruxelles, par le maréchal de Saxe, en 1746, il restait encore

---

(1) Voyez la notice d'un manuscrit, intitulé : *Le Tournois de la Gruthuse*, par Mr. Van Praet. *Esprit des Journaux*, mois d'Octobre 1780.

dans notre Bibliothèque de Bourgogne un grand nombre d'ouvrages dédiés au duc Philippe-le-Bon, composés, copiés, et translatés par son ordre, tant pour enrichir sa bibliothèque et pour son amusement particulier, que pour l'instruction de son fils le Comte de Charolois Charles, surnommé le Téméraire. Je ferai mention ici des principaux ; savoir :

1.° *Gérard de Roussillon, traduit du latin en françois, par ordre du duc de Bourgogne.* Ecrit sur vélin, in-fol.

2.° *Rapport sur les Faits et Miracles de S. Thomas l'Apôtre et Patriarche des Indiens, traduit du latin par Jo. Melot, le moindre des secrétaires du duc de Bourgogne, à Bruxelles, en 1450.* Sur vélin, in-fol.

3.° *Le Début de la Noblesse, translaté en français par Jo. Melot, le moindre des secrétaires du duc de Bourgogne.* Sur vélin, in-fol.

4.° *Avis directif pour faire le passage d'Oultre-Mer, fait par un Religieux de l'ordre des Prêcheurs, en 1332, et translaté du latin en français par Jo. Melot, Chanoine de Lille, en Flandre, en 1455, par ordre du duc de Bourgogne.* Sur vélin, in-fol.

5.º *Recueil des Histoires de Troyes*, composé, en *1464*, par *Raoul le Fèvre, Prettre-Chapellain, du duc de Bourgogne.* Sur vélin, in-fol.

Cet ouvrage a été imprimé plus d'une fois dans le XV.ᵉ siècle ; il y a même une édition très-rare, que je crois imprimée à Cologne vers l'an 1470 — 1475, in-fol. *Voyez mon Dictionnaire Bibliographique, tome III, page 528.*

6.º *Le Livre du preux Jason et de la belle Médée*, par *Raoul le Fevre.* Ecrit sur vélin, in-fol.

7.º *La Vie du preux et vaillant Hercules*, par *le même.* Sur vélin, in-fol.

8.º *Le Songe du vieux Pélerin*, écrit par *Guyot d'Angerans*, en la ville de *Bruxelles*, en *1465.* Sur vélin, in-fol.

9.º *Le Début d'honneur entre trois valeureux chevaliers ( Alexandre-le-Grand, Hannibal et Scipion ) traduit en francais.* Sur vélin, in-fol.

10.º *La Fleur de toutes les Histoires*, compilé par *Jehan Mensel de Hesdin*, au commandement de *Philippe, duc de Bourgogne.* Sur vélin, in-fol.

11.° *Sept traités dédiés au duc Philippe-le-Bon, par Christine de Pisan ; savoir* : *Le chemin de bonne étude. — Épitres sur le Roman de la Rose. — La Cité des Dames. — Moralité que donna Othea, la Déesse à la Prudence. — Othea la Déesse. — Cent Ballades. — Le Début de deux Amans.* Ecrits sur vélin, in-fol. (1).

12.° *L'Estrif de la Fortune et de la Vertu, par Martin le Franc, prieur de Lausanne, dédié au duc de Bourgogne.* Sur vélin, in-fol.

13.° *Le Champion des Dames, en vers, par le même.* Idem.

14.° *Chroniques d'Hollande, traduit de Beka, par le même.* Idem.

---

(1) Christine de Pisan, née à Venise ; mariée en France, où le roi Charles V avait attiré son père Thomas, en considération de son grand savoir, resta veuve en 1389, n'étant âgée que de 25 ans. Au milieu de ses malheurs elle trouva sa consolation dans les lettres, ayant composé grand nombre d'ouvrages, tant en prose qu'en vers, dont plusieurs ont été imprimés : on trouve dans les dissertations sur l'histoire ecclésiastique et civile de Paris, par l'abbé le Bœuf, la Vie de Charles V, roi de France, que Christine composa à la prière de Philippe-le-Bon, et dont le manuscrit a été probablement enlevé de notre Bibliothèque de Bourgogne.

15.º *L'Instruction d'un jeune Prince, pour se bien gouverner devant Dieu et le Monde*, par George Chastelain. Sur vélin, in-fol.

Ce Chastelain est encore auteur de trois autres traités, qui existaient également avec le précédent ; mais faute d'indication certaine, nous ne pouvons pas assurer s'ils ont été composés sous le gouvernement de Philippe-le-Bon, ou sous celui de son fils Charles-le-Téméraire. Ces traités sont, 1.º les Epitaphes d'Hector et d'Achilles, et les Complaintes de ces deux héros d'Homère devant Alexandre-le-Grand, *in-fol.*; 2.º les premiers Exploits des Armes de Charles, comte de Charolois, *in-fol.*; 3.º les Aventures depuis deux cents ans, *in-4.º*

16.º *Traduction du Livre de Sénèque des Remèdes d'Amour*, par Laurens de Primo facto. Sur vélin, in-fol.

17.º *La Vie de Sainte Hélène*, dédiée au duc en 1448, par Jehan Vauquelin.

Ce Jean Vauquelin est aussi l'auteur de l'histoire d'Alexandre-le-Grand, qu'il composa à la demande de Jean de Bourgogne, comte d'Estampes, seigneur de Dourdaing.

18.º

18.° *Triomphe des Dames*, par Rodrigues de la Chambre, traduit de l'espagnol en français.

19.° *Histoire de Gérard de Nevers et de la belle Euriane de Savoye, sa mie*. Sur vélin, in-fol.

On lit à la fin ce qui suit : *Escript par moi Guyot d'Angers par le commandement de mon tres redoubte seigneur Philippe par la Grace de Dieu Duc de Bourgogne de Brabant*, etc.

20.° *Le Pastorelet*. Sur vélin, in-fol.

Poëme en vers, qui contient l'histoire des Querelles entre Jean, duc de Bourgogne, le duc d'Orléans et les Armagnacs.

Il y avait encore parmi les livres de notre Bibliothèque de Bourgogne un ouvrage, intitulé : *Traité de l'Ame dévote*, par René d'Anjou, embelli de plusieurs miniatures, joliment peintes par ce Prince, lequel, après avoir éprouvé dans la guerre tous les revers de la fortune, sans avoir pu réussir dans aucune de ses prétentions, même les mieux fondées, s'adonna ensuite aux arts de la paix, la poésie et la peinture, dans lesquels il montra des talens. Il est donc très-possible que ce malheureux prince ait fait la démarche de présenter son ouvrage à Philippe-le-Bon, duc de Bourgogne, qui le tenait prisonnier au château de Dijon, en 1437, à fin de l'engager à lui rendre la liberté, ou peut-être l'avait-il sur lui, quand il fut fait prisonnier, ce qui paraît plus probable ; car ce n'est qu'en payant sa rançon, en cédant au duc Philippe ce qu'il possédait en Flandre, et, qui plus est, en donnant sa fille YOLAND en mariage au fils du comte de Vaudemont, son ennemi et son usurpateur, qu'il pût obtenir sa délivrance : c'est ainsi que les princes puissans acquièrent le surnom de BONS : GRANDS : JUSTES.

Indépendamment de la protection accordée aux lettres par le duc Philippe-le-Bon, et de son amour pour les livres, il est plus que probable que la flatterie et l'adulation ont aussi contribué à augmenter sa collection et à enrichir notre Bibliothèque de Bourgogne ; car on ne peut pas douter que les princes, les seigneurs et autres courtisans, qui, en général, ne s'occupent guères que d'épier l'occasion de pouvoir plaire au souverain pour en obtenir des récompenses, ou pour se maintenir dans ses bonnes graces, connaissant le goût décidé de Philippe-le-Bon et sa passion pour les livres, se seront empressés de lui offrir les ouvrages les plus précieux de leurs bibliothèques particulières.

Parmi les seigneurs, qui se sont les plus distingués à cet égard, nous pouvons compter ceux de la maison de Croy, qui se sont soutenus pendant si long-temps en grande faveur dans la cour de Philippe-le-Bon, au point même d'exciter la jalousie et quelquefois les plaintes de son propre fils le comte de Charolois. Quoi qu'il en soit, voici quelques ouvrages, qui se trouvaient encore dernièrement dans notre Bibliothèque de Bourgogne, provenant de cette maison, et portant le nom de Croy.

1.º *Les Secrés des Philosophes, ou le livre de Thymes le Philosophe, traitant de la génération et des choses.* Sur vélin, in-fol.

2.º *Régime des Princes.* Sur vélin, in-fol.

3.º *Le Trésor des Sciences, qui traite de différens objets.* Sur vélin, in-fol.

4.º *Le Livre des bonnes mœurs, par Jacques le Grant, Religieux de l'ordre de S. Augustin.*

5.° *Chroniques Martiniennes.* Sur vélin, in-fol.

6.° *Des sept Eages du Monde.* Idem.

7.° *Le livre des trois vertus à l'enseignement des Dames*, par Christine de Pisan. Sur vélin, in-fol.

8.° *Le Débat de Félicité*, par Charles Soillot. Idem.

  L'auteur avait fait cet ouvrage pour Charles duc de Bourgogne; mais l'ayant corrigé, il le dédia ensuite à Philippe de Croy, comte de Chimay, vicomte de Limoges, etc.

D'après tout ce qui vient d'être dit, nous devons avouer que le récit de David Aubert, rapporté ci-dessus, n'est nullement exagéré, et que la bibliothèque des souverains de la Belgique, sous le règne de Philippe-le-Bon, reçut des accroissemens si considérables qu'on la regardait, à juste titre, comme la plus riche de son temps. Le haut degré de puissance où la maison de Bourgogne s'éleva sous ce duc, l'inclination naturelle du prince, et son goût décidé pour les livres, ont contribué infiniment, non-seulement à enrichir cette bibliothèque, mais aussi à la rendre célèbre dans toute l'Europe, car, j'ose bien l'assurer, c'est à cette époque qu'elle reçut le nom de BIBLIOTHÈQUE DE BOURGOGNE, sous lequel elle a été connue depuis ce temps jusqu'à nos jours (1).

Philippe-le-Bon, qui dès l'an 1419 avait succédé au Comté de Flandre, n'entra en possession du Brabant et du Hainaut que plusieurs années après, et il n'est pas douteux que ce duc n'ait trouvé bon nombre d'ouvrages précieux dans ces successions, particulièrement dans celle de Brabant, dont quelques ducs ont aimé et cultivé les lettres d'une manière particulière. Henri III, Duc de Brabant, et beau-père de Philippe-le-Hardi, roi de France, se trouve placé par Fauchet parmi les poëtes français ; ce prince cultiva, en effet, la poésie, ayant composé des dialogues, des chan-

(1) Je dirai encore à la louange de Philippe-le-Bon, Duc de Bourgogne, que la musique, qui devint dans la suite si florissante dans nos provinces, doit ses progrès rapides au goût décidé de ce prince pour les arts ; il avait à son service un grand nombre de musiciens et de maîtres de musique, qu'il employait particulièrement dans les fêtes brillantes que ce duc, magnifique en tout, donnait très-souvent au public. Voyez la fin note (C).

sons et autres petites pièces en vers français.
Jean, premier de ce nom, Duc de Brabant, composa aussi plusieurs chansons en langue flamande, dont quelques-unes se trouvent imprimées dans l'ouvrage intitulé : *Saamlung des Minnesingern* ( *Recueil des Chansons amoureuses* ) imprimé à Zurich en 1758 et 1759, 2 *vol. in-*4°. Wenceslas, Duc de Brabant, mort à Luxembourg en l'an 1383, aimait avec ardeur les lettres et en particulier la poésie; il est auteur de diverses chansons, ballades, rondeaux et virelets écrits en langue française : toutes ces pièces de poésie se trouvent dans un recueil intitulé *Meliador*, composé par le célèbre historien Jean Froissard, à la demande de ce duc, comme on le voit par le passage suivant des Chroniques dudit Froissard, chap. VIII du tiers volume, en ces termes : " L'accointance de
,, lui ( *le comte de Foix* ) et moy ( *Jean Froissard* )
,, pour ce tems fut telle que j'avoye avec moy
,, apporte un livre le quel j'avoye fait à la requeste
,, et contemplation de Venceslaus de Boeme Duc
,, de Luxembourg et de Brabant, et sont contenus au dit livre ( qui s'appelle le Meliador )
,, toutes les Chansons, Balades, Rondeaux et
,, Virelets, que le Gentil Duc fit en son tems. ,,
Le même Froissart fait encore mention des chansons du duc Wenceslas dans une pièce de poésie,

qui n'a pas été imprimée jusqu'à présent, intitulée:
*Le dit Don Florin*, où il dit:

    Un Livre de Meliador
    Le Chevalier au Soleil d'or
    . . . . . . . . . . .
    . . . . . . . . . . .

    Dedans ce Roman sont enclosés
    Toutes les Chansons que jadis
    Dont l'ame soit en Paradis
    Que fit le Bon Duc de Brabant
    Venceslaus dont on parla tant
    Car un Prince fut amourous
    Gracious et Chevalerous
    Et le Livre me fit ja faire
    Par tres grand amoureus afaire
    Coment qu'il ne le veist oncques.

Tout ceci nous fait voir que la Bibliothèque des Ducs de Brabant, prédécesseurs de Philippe-le-Bon, devait être considérable; je ne pourrai pas dire la même chose de celles des Comtes de Namur, dont notre Philippe-le-Bon avait acheté la succession; car parmi les meubles du dernier comte, qui ont été vendus publiquement dans la ville de Namur par ordre du Duc de Bourgogne, on n'a trouvé que les manuscrits consignés dans la pièce suivante :

Notice des Livres délaissés par Jehan dernier Comte de Namur Extrait de l'Inventaire original de ses meubles fait en 1429, reposant à la Chambre des Comptes à Bruxelles, et vendus publiquement au plus offrant au Baton dans la ville de Namur en presence de Symon Francq Chanoine de Notre Dame à Namur et Notaire apostolique et imperiale, et de trois Revendeurs et Priseurs jurés de la Ville de Namur avec les prix, auxquels ils ont été vendus.

Un Missel portatif. . . . . . . 12 Ecus.
Item un Romanche de la Rose
   sur parchemin. . . . . . . . 3 Ecus.
Item ung livre contenant partie
   des chroniques de France. . 1 Ecu.
Item ung livre appellé *Institute*. . . . . . . . . . . . 1 Ecu.
Item ung livre appellé *Regimen des Princes*, . . . . . 2 Ecus.
Item ung livre *delle ordine des jugemens*. . . . . . . . 1 Ecu.
Item ung Romance de la Rose
   en papier. . . . . . . . . . 18 Gros.
Item ung livre commenchant :
   *à ceulx de ceste Religion*. 1 Ecu.

D'après

D'après cet extrait de l'inventaire des meubles du dernier Comte de Namur, il paraît certain que toute la bibliothèque consistait en huit volumes, vendus au prix de 21 écus dix-huit gros : ces écus étaient nommés Clinkars, fabriqués à Namur; ils avaient cours au prix de 37 gros monnaie de Flandre.

Philippe-le-Bon étant mort en 1467, Charles son fils, surnommé le Téméraire, dernier des ducs de la maison de Bourgogne, souverains de la Belgique, lui succéda. Ce prince, d'un naturel fougueux et guerrier, aimait cependant les lettres; il se plaisait particulièrement dans la lecture des livres concernant l'histoire des anciens conquérans, comme plus analogue à son caractère ambitieux; car comme dit Philippe de Commines (1), *il desiroit grand gloire qui estoit ce qui plus le mettoit en ses guerres que nulle autre chose : et eust bien voulu ressembler à ces anciens Princes, dont il a esté tant parlé après leur mort.* On lit à ce sujet dans le Prologue des Chroniques de Pise, traduites de l'italien, qu'on conservait encore MS. dans notre Bibliothèque de Bourgogne, un passage dans lequel le traducteur assure qu'il a

---

(1) Edit. d'Elzevir, page 361.

fait cette version pour complaire au duc Charles ; *lequel*, y eſt-il dit, *moult voulentier preste temps à oyr lire les Faits des anciens dignes de memoire.*

Cette lecture des hauts faits des anciens conquérans que le duc Charles aimait, enflamma probablement son cœur, déjà trop porté par son naturel à la gloire. Il paraît même que parmi ces anciens conquérans il avait pris pour modèle le grand Cyrus ; c'est du moins ce que Vasque de Lucena, traducteur de la Cyropédie semble nous indiquer dans sa préface, où il dit : *Quant aulcuns auront lue ceste histoire du premier Cyrus translatée du latin en Francois et quant ils regarderont la tres grande similitude de sa vie, meurs et conduite aux vostres, je ne doute qu'ils ne pensent que je ne l'aye point translatée, mais faite et composée pour deux causes, la premiere a fin de vous complaire en approuvant tous vos faits et vos affections. . . . . . . . . . . la seconde adfin de faire apparoir que les statuts et ordonnances du dit Cyrus estoient de plus grande rigueur et austerité que ne sont les vostres* (1).

---

(1) Olivier de la Marche, dans ses mémoires ( *Edition de Lyon*, 1562, *in-fol.*, *page* 3. ) fait mention honorable de Vasque de Lucena, qu'il nomme Vas de Lucena, en ces

Effectivement il paraît certain, qu'à l'exemple d'Alexandre-le-Grand, qui portait toujours avec lui les œuvres d'Homère pour exciter son ambition, Charles ne quittait point la Cyropédie, qui faisait toujours partie de ses bagages. Il l'avait sûrement avec lui à la bataille de Nancy, donnée le 5 Janvier 1477 ; le duc y fut défait et tué par les Suisses, ses bagages pillés et emportés, et par suite de cet événement la traduction originale de la Cyropédie, fait par Vasque de Lucena, fut déposée dans la Bibliothèque de Berne, où elle se trouve encore actuellement, et où il ne paraît pas possible qu'elle eût pu se trouver sans cette circonstance.

Au reste, malgré l'espace si court d'un règne de dix ans, agité d'ailleurs par les troubles et par la guerre, ce prince ne négligea pas les lettres, et

---

termes : " ore que je n'ai pas don de grace, la clergie, la
,, mémoire ou l'entendement de ce vertueux Escuyer Vas
,, de Lusane Portugalois, à présent eschanson de Madame
,, Marguerite d'Angleterre Duchesse douairiere de Bourgo-
,, gne, le quel a fait tant d'œuvres, translations et autres
,, biens dignes de Mémoire qu'il fait aujourd'hui à estimer
,, entre les sachans les Experimentés et les recommandés
,, de nostre temp. ,,

dans ses momens de tranquillité il s'occupa des livres : c'est sous son gouvernement que l'art typographique fut porté dans la Belgique, ayant été établi à Alost en 1473, à Louvain en 1474, et à Bruges, Anvers et Bruxelles en 1476. On trouvait encore dans notre bibliothèque, si souvent dépouillée, les ouvrages suivans, avec indication certaine d'y avoir été placés dans son temps.

1.° *Les Chroniques de Pise*, traduites de l'italien en françois (1).

2.° *L'éloge du Duc Philippe de Bourgogne*, par George Castellain, son historiographe.

3.° *Traité de la Tyrannie*, traduit de Xenophon par Charles Soillot, son fillieul et son secretaire.

4.° *Debat de Felicité*, composé par le même Soillot.

5.° *Cyri Regis institutio*, traduit du grec de Xenophon, ensuite du commandement du Duc par ung orateur nommé Pogge. In-4.°, écrit sur vélin.

---

(1) Il est très-possible que le traducteur de ces Chroniques ait été Christine de Pisan, dont nous avons parlé ci-devant à la note, page 15.

6.° *Alexandre Quint Curse, composé par venerable personne Vasque de Lucena Portugalois.*

Nous pourrions ajouter à cette liste la Cyropédie, ou l'Histoire du premier Roi Cyrus, traduite du latin par Vasque de Lucena, dont nous avons parlé ci-dessus; et sans compter plusieurs autres ouvrages, dont on n'a pas d'indication certaine; comme, par exemple, le VALÈRE MAXIME, traduit en français par Simon de Hesdin et Nicolas de Gonesse, que le Duc Charles prêta, l'année même de sa mort tragique en 1477, à Ugo de Urries, envoyé du Roi d'Arragon, pour en faire la version en langue espagnole (1), je ferai encore mention particulière d'un manuscrit sur vélin, infiniment précieux, et d'une exécution vraiment magnifique, qui existait en dernier lieu dans notre Bibliothèque de Bourgogne. Ce manuscrit, de format petit in-fol., intitulé : PSALTERIUM, était tout écrit en lettres d'or et d'azur; il était en outre enrichi de plusieurs miniatures très-brillantes, qui représentaient les Mystères de la Vie de Jésus-

___

(1) Voyez à ce sujet mon *Dictionnaire bibliographique*, tome III, article 1308.

Christ, ainsi que les sujets des fêtes principales de l'année. Les diverses Oraisons et Prières, qu'on y trouvait, adressées à divers Saints, révérés particulièrement en Angleterre, et peu connus dans d'autres pays, tels que St. Alban, St. Edmond, St. Oswald, St. Kenelius, etc. etc., prouvent évidemment que ce riche manuscrit a été fait et exécuté dans ce royaume ; d'un autre côté, sa magnificence et la beauté de l'exécution nous fait voir qu'un tel ouvrage n'a pu être fait que pour l'usage d'une personne de la première distinction ; de manière que tout bien considéré, nous sommes pour ainsi dire forcés de reconnaître qu'il a appartenu à Dame Marguerite d'Yorck, douairière de notre Charles-le-Téméraire, dernier Duc de Bourgogne.

Louis XI, Roi de France, qui ne cherchait que l'occasion d'anéantir la maison de Bourgogne, dont la puissance lui faisait ombrage, apprit avec plaisir la mort désastreuse de Charles-le-Téméraire, d'autant plus que voyant l'état déplorable dans lequel ce Duc laissait les affaires de son administration et une jeune héritière (Marie de Bourgogne), âgée de vingt ans, pour les rétablir, il crut d'abord que rien ne pourrait s'opposer au démembrement, qu'il projettait, des Etats de cette maison ; c'est pourquoi, dit à ce sujet Philippe de Commines, *de tant luy fut la mort de leur Duc à plaisir tres grand, et plus que tous les autres (ennemis) ensemble : et lui semblait bien qu'en sa vie ne trouveroit aucun contredit en son royaume n'y és environs pres de luy* (1).

Aussi malgré le mariage de Marie de Bourgogne avec Maximilien d'Autriche, fils de l'Empereur Frédéric III, les Provinces Belgiques furent continuellement et malheureusement agitées, par les révoltés et les séditions dans l'intérieur, et par les armes des Français sur les frontières ; de manière que pendant le gouvernement de ces princes et celui de leur fils Philippe-le-Bel, qu'une mort prématurée enleva en l'an 1506, à Burgos, en Espagne, la Bibliothèque de Bourgogne resta totalement abandonnée. Ce ne fut que pendant le règne de Charles-Quint et sous la régence de Marguerite d'Autriche, sa tante, et celle de Marie, Reine douairière d'Hongrie, sa sœur, que les lettres reprirent faveur.

Marguerite d'Autriche, Duchesse douairière de Savoye, si célèbre par son esprit, sa gaieté et ses

---

(1) Edition d'Elzevir, page 371.

malheurs, chargée du Gouvernement de la Belgique en l'an 1513, pendant la minorité de Charles-Quint, par l'Empereur Maximilien, son père, accueillit d'une manière particulière les gens de lettres, et les personnes distinguées par leur savoir; les arts furent également protégés, et on peut dire que sous le gouvernement de cette princesse la musique fut portée à un degré de perfection jusqu'alors inconnue (1).

Appliquée à l'étude, qu'elle aimait avec passion, elle composa des mémoires de sa vie, et s'amusa à faire des rimes, et des vers où l'on remarque de la naïveté et des saillies d'esprit. Il y avait encore, en 1794, dans notre Bibliothèque, trois volumes en musique, dans lesquels on trouvait quelques chansons composées par cette duchesse; et dans la première page du tiers volume de la Fleur des Histoires, qui s'y trouvaient aussi en manuscrit, on lisait ces deux lignes rimées, écrites de sa main:

Penses à Moy ma Cousine
C'est Margot qui fit la rime. (2).

On

---

(1) Voyez à la fin la note (C).
(2) Voyez à la fin la note (A), article 32, MARGUERITE D'AUTRICHE.

On peut bien penser que, sous le gouvernement d'une princesse, aussi amie des lettres que Marguerite d'Autriche, la Bibliothèque de Bourgogne reçut des accroissemens remarquables. D'ailleurs sa bibliothèque particulière, composée d'un grand nombre d'ouvrages tant manuscrits qu'imprimés, dédiés et présentés par plusieurs auteurs de diverses nations à cette Duchesse et achetés par elle-même, ayant été incorporée après sa mort à celle de Bourgogne, l'enrichit considérablement. Il était facile de distinguer les ouvrages provenant de la bibliothèque particulière de Marguerite d'Autriche, parce que cette Duchesse avait fait coller dans l'intérieur de la couverture de tous les livres ses armes gravées et tirées sur papier. Voici quelques-uns de ces livres, qu'on voyait encore dans notre bibliothèque avec cette distinction :

1.° *L'enseignement de la vraye Noblesse.* Manuscrit petit in-fol.

On y lit à la fin : *ce livre a fait escrire le Bastard de Villers pour le donner au Duc de Savoye.*

2.° *Epitre faite aux Champs Elysées par le Preux Hector de Troyes le Grant, transmise au tres crestien Roy de France Louis XII de ce nom.* Manuscrit.

> L'auteur de cet ouvrage est Jehan le Maire des Belges.

3.° *Aulcunes petites œuvres de Messire Gauvain, seigneur de Candie.* Manuscrit in-fol.

> On trouve dans cette collection une *Oraison lamentable* sur la mort de Philibert, Duc de Savoye, et une *Lettre consolatrice* à Marguerite d'Autriche sur la mort de Philippe-le-Bel, Roi de Castille, son frère.

4.° *La Dame Macabre.* Manuscrit in-4°.

5.° *Fleur des histoires d'Orient.* Manuscrit in-fol.

6.° *Histoire ancienne.* Manuscrit sur vélin, in-fol.

7.° *Directorium ad passagium faciendum in terram Sanctam, editum per quemdam fratrem ordinis Prædicatorum.* Manuscrit in-fol.

8.° *Avis directif pour faire le passage d'oultremer, fait par ung Religieux de l'ordre des Prescheurs en 1332 et translaté du latin en François en 1455 par ordre du Duc de Bourgogne par Jo. Melot chanoine de Lille en Flandres.* Manuscrit sur papier in-fol.

L'original écrit sur vélin, se trouvait parmi les livres de Philippe - le - Bon. *Voyez ci-devant page 13.*

9.° *Bocace des Cleres femmes.* Manuscrit sur vélin, in-fol.

10.° *Miroir des Vertus du Bon Duc.* Manuscrit in-4°.

11.° { *Réponse du Duc de Bourgogne.*
*Voyage du Duc Charles.*
*La vie de S. Christine.* MS. in-4°.

12.° *Chroniques de Molinet.* Manuscrit, 3 vol. in-fol.

Jehan Molinet, auteur de cette Chronique, qui n'a pas encore été imprimée, a composé aussi quelques ouvrages de poésie. Il fut bibliothécaire de Marguerite d'Autriche, douairière de Savoye.

E 2

13.º *La division des Orleannois contre les Fran-cois.* Manuscrit in-4º.

14.º *Chronique Margaritique, ou la Chronique Athensienne, recueil universel de toutes les histoires.* Manuscrit en 3 vol. in-fol.

  On a donné le nom de Chronique Athensienne à cet ouvrage, parce que l'auteur ou compilateur était de la ville d'Ath en Hainaut.

15.º *Les quatre volumes de la Fleur des histoires.* Manuscrit in-fol.

16.º *Historia de la linda Melosina.* Tholosa, 1489, in-fol.

17.º *El Libro de las Propriedades de las cosas.* En Tholosa, 1494, in-fol.

18.º *Contemptus Mundi.* En Burgos, 1495, in-4º.

19.º *Extrait des Chroniques de Jehan Molinet.*
 Sur papier in-fol. On lit à la fin de ce manuscrit : *Venant de la librairie de Madame de Savoye Regente et Gouvernante.*

20.º *Le Livre des Basses danses.* Manuscrit in-4.º oblongo.

  Ce manuscrit renferme les danses notées en musique, qu'on dansait à la cour de la

Duchesse Marguerite d'Autriche : M.ʳ Burney, membre de la Société des Antiquaires de Londres, en a pris quelques extraits dans son passage par cette ville de Bruxelles en l'an 1772; j'ignore s'il les a insérés dans son traité, intitulé : *The present state of Music in Germany, France and Italy*. London, 1773, 3 vol. in-8.°, ou bien dans son grand ouvrage : *General history of Music*. London, 1776, 2 vol. in-4.°, fig.

21.° *Un volume de chansons en musique*. Manuscrit sur vélin, in-fol.

22.° *Un dito*. Manuscrit sur papier, in-fol.

23.° *Un dito*. Manuscrit sur papier, in-4°.

Ces trois volumes contiennent des chansons différentes, parmi lesquelles se trouvent plusieurs qu'on croit avoir été composées par la Duchesse elle-même.

Dans le manuscrit sur vélin toutes les marges sont embellies de fleurs, nommées *Marguerites*, peintes en couleur, et au commencement du volume se trouve le portrait de la Duchesse Marguerite à genoux.

24.° *Le Champion des Dames*, par *Martin le Franc*, *Prieur de Lausanne*. Manuscrit in-fol.

25.° *Le Mirouer des Dames*. Manuscrit sur vélin, in-fol.

26.° *La Cité des Dames*, par *Christine de Pisan*. Manuscrit sur vélin, in-fol.

27.° *Le triomphe des Dames*. Manuscrit sur vélin, in-fol.

Par le décès de Marguerite d'Autriche, le 30 Novembre de l'an 1530, Charles - Quint, accablé du poids des affaires de sa vaste domination, occupé tout à la fois du soin d'arrêter les progrès du Luthéranisme et de prévenir les menaces des Turcs qui se préparaient à la guerre, chargea sa sœur Marie d'Autriche, Reine douairière d'Hongrie, du gouvernement général des provinces de la Belgique.

Cette Gouvernante avait eu soin aussi de rassembler plusieurs livres pour son usage particulier, lesquels ont été placés après sa mort par ordre de Philippe II dans la Bibliothèque de Bourgogne, mais comme ces livres ne portent aucune marque particulière de distinction, il nous a été impossible de les indiquer; nous en citerons cependant deux, très-précieux, que sans doute elle avait eus de feu son mari Louis II, et qui avaient appartenus au célèbre Matthias Corvin, Roi d'Hongrie, mort en 1490 (1).

Le premier était un ouvrage, contenant les quatre Évangiles en latin, tout écrit en lettres d'or sur le plus beau vélin : on le nommait pour cette raison le LIVRE D'OR. Marie d'Autriche en fit présent à Philippe II, Roi d'Espagne, qui le fit placer dans sa Bibliothèque de l'Escurial, où il était gardé sous un grillage toujours fermé à clef et couvert d'un voile. On prétend qu'on ne le montrait autrefois aux curieux étrangers qu'en grande cérémonie, les cierges allumés. Quoi qu'il en soit, c'était un morceau précieux, et d'un travail achevé, qui, comme on l'a dit ci-dessus, provenait de la bibliothèque de Matthias Corvin, Roi d'Hongrie.

Le second ouvrage se conservait encore dans notre Bibliothèque de Bourgogne en 1794. C'était un Missel, écrit sur vélin, d'une exécution

---

(1) Les lettres et les beaux-arts eurent en Matthias Corvin un grand Protecteur. Plusieurs savans de l'Europe furent attirés à sa cour ; il employa les meilleurs peintres d'Italie et fit établir à Bude une riche bibliothèque.

vraiment magnifique, et orné de plusieurs miniatures superbes. Il avait été fait en Italie par ordre et aux frais de Matthias Corvin, Roi d'Hongrie.

Dans les cérémonies des Joyeuses-Entrées, les Souverains, Ducs de Brabant et de Limbourg, prêtaient sur ce Missel, en présence des États, le serment solennel de conserver les priviléges et lois du pays. On y trouve écrit de la main de notre savant Aubert le Mire, bibliothécaire des Archiducs Albert et Isabelle, comme nous le dirons ci-après, la note suivante : *Super his Evangeliis seu Missali Albertus et Isabella Belgarum Principes suum juramentum solemniter fecerunt an. 1599.* On peut voir, au reste, la description détaillée, faite par feu l'abbé Chevalier, bibliothécaire de ladite bibliothèque, dans les Mémoires de l'Académie des sciences et belles-lettres de Bruxelles, tom. 4, pag. 493 et suiv.

Marie d'Autriche abandonna son gouvernement pour accompagner, en Espagne, son frère l'Empereur Charles-Quint, qui, dans une assemblée des États généraux tenue à Bruxelles le 25 Décembre 1555, avait remis les Provinces Belgiques à son fils Philippe II.

SUR LA BIBLIOTHÈQUE DE BOURGOGNE.  41

Ce Prince ( laissons de côté , comme étranger à notre sujet , tout ce qui regarde ses qualités politiques et morales bonnes ou mauvaises ) ce Prince, dis-je , fut sans contredit un des plus grands protecteurs des lettres et des beaux-arts ; malgré le règne le plus orageux, il s'occupa d'une manière particulière du progrès des sciences.

A peine avait-il signé , à Câteau-Cambrésis , la paix avec la France le 3 Avril 1559 , que , malgré les affaires importantes , qu'il se hâtait de terminer avant son départ pour l'Espagne , il n'oublia pas de donner l'ordre de faire rassembler dans un corps ,, tous les livres , qui étaient dans ses Pays de ,, par deça , et nommement ceux délaissés par feu ,, de bonne memoire Marie Reine douairière d'Hon- ,, grie et de Boheme sa tante , (*elle était morte* ,, *en* 1558 ) , et de tous ces livres faire une belle ,, *Librayrie* ou Bibliotheque en tel lieu qu'il or- ,, donneroit , à fin que lui et ses successeurs y ,, puissent *prendre passetems à lire estul livres*. ,,

En conséquence de cet ordre du Roi Philippe , tous les livres , tant ceux provenant de la Reine douairière d'Hongrie et de Bohême , sa tante , que les autres qui appartenaient à ce Prince en qualité de Souverain , et qui se trouvaient dispersés dans

F

les différentes maisons royales tant à Malines qu'à Marimont et à Vueren, furent transportés et rassemblés à Bruxelles en corps de bibliothèque; ensuite de quoi Messire Viglius ab Ayta de Zuichem, chef et président du conseil privé, fut nommé par une patente, datée du 12 Avril 1559, trésorier et garde de ladite bibliothèque, " en lui donnant,
„ *y est-il dit dans cette patente*, plain povoir auc-
„ torité et mandement special du dit Estat dores-
„ navant tenir, exercer et desservir, de tenir bon
„ et soigneux régard en recouvrement et recueil
„ des livres susdits en faire une Bibliothèque, aussi
„ l'augmenter de tels livres qu'il verra convenir et
„ avoir la garde d'iceux. . . . . . . aux gaiges et
„ traitement de cent cinquante livres du prix de
„ quarante gros monnoie de Flandres par an. . .
„ mesmes attendu qu'il y en a ( des livres ) de
„ plusieurs langaiges, nous lui avons consenti et
„ accordé qu'il puisse et pourra prendre pour son
„ ayde et assistant quelque homme de bien Escri-
„ vant en diverses langues, le quel y debvra en-
„ tretenir à ses charges et despens sur les gaiges
„ et traictement dessus dicts et le pourra mettre
„ et demettre comme notre service le trouvera le
„ mieux convenir. „

Dans les mesures prises par le Gouvernement pour l'exécution de ces ordres, nous n'avons trouvé aucune indication certaine du local destiné à rassembler la collection de ces livres ; mais comme cette bibliothèque devait être exclusivement disposée à l'usage du Roi et de ses successeurs, pour *y prendre passetems à lire estui livres*, il paraît certain qu'elle fut placée dans le palais royal de la cour de Bruxelles.

Philippe II s'étant embarqué à Flessingue, pour retourner en Espagne, le 8 Avril 1559, nous n'avons plus trouvé, dans l'espace de trente-cinq ans, aucune mesure administrative concernant la bibliothèque. Il est plus que probable que les malheureux événemens, qui se sont succédés depuis cette époque, la mort du président Viglius, l'un des plus grands hommes de son temps, et particulièrement les troubles horribles, qui désolèrent la ville de Bruxelles pendant sept ans consécutifs jusqu'en 1585, occasionnèrent l'enlèvement de plusieurs manuscrits précieux de la Bibliothèque de Bourgogne, qui se trouvent dispersés dans différentes bibliothèques d'Allemagne, où le comte de Cobenzl, ministre plénipotentiaire de l'Impératrice Marie-Thérèse aux Pays-Bas en 1753—1770, les a vus, comme il l'a assuré à M.ʳ Gérard, secrétaire de l'Académie des sciences et belles-lettres de Bruxelles, ce que ledit M.r Gérard a eu la bonté de me communiquer.

En 1594, l'Archiduc Ernest, Gouverneur général des Pays-Bas, ordonna, par acte du 19 Avril, qu'à l'avenir il ne serait accordé aucun privilége d'imprimer des livres sans la promesse et l'obligation préalable de la part de l'imprimeur d'en délivrer un exemplaire, bien relié en cuir, au Garde-joyaux pour la bibliothèque. Voici ce qu'on lit dans cet acte : " Monseigneur l'Archiduc d'Au-
,, triche &c. aiant été informé de l'Ordre que sa
,, Majesté délaissa à son dernier partement des
,, Pays de Pardeça à feu Messire Viglius van
,, Zuichem Chef President du Conseil privé d'icelle
,, pour assembler et mettre en ordre une biblio-
,, thèque Royale en cette Ville et de ce que le dit
,, Vigilus en a fait, et la quelle Bibliothèque a
,, depuis été remise avec les autres livres que le
,, Garde-Joyaux Francois Damant a en garde, de-
,, sirant faire augmenter la dite, et ordonne par
,, ceste que doresnavant ne sera concedé aucun
,, Privilege d'imprimer quelque nouveau livre soit
,, au Privé Conseil, celluy de Brabant, ou autre,
,, sans promesse ou obligation d'en délivrer un
,, exemplaire bien relié en cuir au dit Garde
,, Joyaux présent ou autre advenir. ,,

Ce passage curieux nous fait voir, que la Bibliothèque Royale fut enrichie cette année des livres précieux, qui se trouvaient sous la surveillance du nommé François Damant, Garde-joyaux, auquel on confia le soin et la conservation de ladite bibliothèque sous le seul titre susmentionné de Garde-Joyaux, au lieu de celui de Trésorier et Garde de la Bibliothèque que Philippe II avait conféré au président Viglius, par sa dépêche du 12 Avril 1559, dont nous avons parlé ci-devant.

En 1595, Pierre Henriquez de Guzman, Comte de Fuentes, par supplément à l'acte susdit de son prédécesseur l'Archiduc Ernest, mort le 21 Février de la même année, fit une nouvelle ordonnance, par laquelle il obligea les imprimeurs à fournir deux exemplaires reliés de tous les ouvrages qu'ils seraient dans le cas d'imprimer, pour être déposés dans la Bibliothèque Royale de l'Escurial en Espagne. On y lit entre autres, " que Son Excellence
,, desirant aussi pourvoir à la Bibliothèque que
,, S. M. fait assembler en Espagne à St. Laurent
,, le Royal, au quel effet elle fait de tems à autre
,, acheter en Anvers et ailleurs grande quantité de
,, volumes at ordonné que depuis le premier Juin
,, prochainement venant ne soient concédés au-
,, cuns octrois d'imprimer livres, sinon moiennant

„ et parmi délivrant par ceux qui obtiendront tel
„ octroy leurs obligations es mains du Secretaire
„ qui fera la dépêche de en certain tems raisona-
„ ble délivrer au dit Garde-Joyaulx ou son Ayde
„ sous leur recipisse deux volumes des dits livres
„ bien reliés en cuir noir, rouge ou jaune, où
„ soient imprimées les Armes d'icelle, pour par
„ le dit Garde-Joyaux les garder la et ainsi qu'il
„ appartiendra jusques à tant que quelque nom-
„ bre de livres assemble l'on en aye averti sa dite
„ Majesté et entendu son vouloir et plaisir s'il
„ plaira à icelle en avoir aucuns pardelà. „

François Damant, Garde-joyaux, eut pour successeur Philippe Borlut, conseiller et premier roi d'armes.

En l'an 1599, les Sérénissimes Archiducs Albert et Isabelle, devenus Souverains des Pays-Bas par la cession que Philippe II avait fait à sa fille la Sérénissime Infante, firent leur entrée solennelle dans la ville de Bruxelles. Ces Princes, dont la mémoire sera toujours chère aux Belges, ne négligèrent point, malgré les malheurs du temps, de donner leur soin à la Bibliothèque de la Cour. Par lettres patentes du 2 Mai 1611, ils nommèrent Adrien de Riebeke conseiller et premier roi d'armes, à la

place de Philippe Borlut, mort cette année, le chargeant en même temps de la garde de la Bibliothèque de la Cour, en ces termes : " Moyennant
" les dits gaiges de deux cent livres du pris de
" quarante gros de nostre monnoye de Flandres la
" livre par an, avec les advantages, prouffits et
" émolumens susdits, le dit Adrien de Riebeke
" *sera obligé de prendre et avoir en sa garde la*
" *librairie de nostre Cour*, comme a faict le dit
" Philippe Borlut, surquoy et de bien et leallement acquite le dict Adrien de Riebeke sera
" tenu de faire et prester le serment pertinent en
" nos mains et en oultre *jurer que pour obtenir*
" *le dit estat il n'a offert, promis ni donné, ny*
" *faict offrir promettre, ny donner à qui que ce*
" *soit aulcun argent, ny aultre chose quelconque,*
" *ny le donner à direction ou indirection ny aultrement en aulcune maniere, sauf et excepté ce*
" *que c'est accoustumé de donner pour les despeches* (1). "

Adrien de Riebeke ayant prêté son serment le 5 du mois d'Août 1611, les susdits Archiducs ordonnèrent par lettres patentes du 7 Septembre

---

(1) Clause remarquable, qui prouve que les hommes ont toujours été les mêmes.

suivant : " tant pour leur service qu'a la decharge
,, de feu Borlut et ses héritiers faire bailler et de-
,, livrer au dit de Riebeke les livres de la dite
,, librairie par *inventaire* pour les garder, en tenir
,, compte, en respondre et les renseigner quand
,, sommé et requy en sera. ,,

Philippe Sterck, conseiller et commis des finances, et Paul de Croonendaele, aussi conseiller et greffier des finances, furent chargés de la confection dudit inventaire (1). Il fut commencé en 1614, et

---

(1) Cet inventaire, dont Mr. Van Praet, Conservateur de la Bibliothèque Impériale, a eu la bonté de me communiquer un extrait, renferme 611 volumes manuscrits sur vélin, 191 dito sur papier, et environ 750 articles de livres imprimés. Tous les volumes s'y trouvent décrits au long; mais seulement d'après leur forme extérieure : voici les deux premiers articles, qui donneront une idée du reste.

1. *Ung gros livre en parchemin escript à la main illuminé par dedans en aulcuns lieux, garni de chascun costé de cinq cloux de laiton doré intitulé dessus par le dehors, c'est le premier volume de la bible, commençant au second feuillet :* humilité est la cité.

2. *Ung aultre livre couvert de velour damasée tout usé garny de deux cloux dorez intitulé c'est le second volume de la Bible commançant au second feuillet :* nous trouverons grandes richesses.

et achevé le 20 Décembre 1617, comme il est dit à la fin en ces termes : " Tous les quels livres enregistres en ce présent inventaire ont esté veus par les devant dicts commissaires et en vertu de leur pouvoir les ont baillé et delivré à Adrien de Riebeke, conseiller et premier roi d'armes de leurs altesses sérénissimes pour les garder et respondre et rendre compte selon le contenu de sa commission là et ainsi qu'il appartiendra. Tesmoing le seing manuel de Paul de Croonendaele conseiller et commis des finances cy mis seul par le subit trespas advenu de Philippe Sterck, vivant aussy conseiller et commis des dites finances à Bruxelles le xx$^e$ jour de Decembre seize cens dix sept. *Signé* : Philippe Croonendaele. "

Les Sérénissimes Archiducs ne tardèrent pas à s'appercevoir qu'une bibliothèque, digne de ce nom, ne pouvait être dirigée avec avantage que par un homme instruit qui fût capable par luimême de l'arranger, l'améliorer et la mettre en état de pouvoir servir aux progrès des lettres : ils prirent donc le parti de nommer, pour leur bibliothécaire, le célèbre Aubert le Mire, ce qu'ils firent par lettres patentes du 8 Novembre 1617, dont voici l'extrait : " Comme nous avons trouvé

„ convenable de descharger nostre bien aimé
„ Adrien de Riebek. . . . de. . . . garde de la
„ librairie de nostre Court. . . . et de commettre
„ doresnavant à icelle garde ung personnage doué
„ de littérature et doctrine avecq tittre de nostre
„ Bibliothécaire et garde de la dite librairie pour
„ en rendre compte, scavoir faisons que par la
„ bonne cognoissance qu'avons de la personne de
„ Messire Aubertus Mireus p'tre prothonotaire
„ apostolique, Licencié en la saincte théologie,
„ Chanoine de l'Eglise cathédrale d'Anvers et
„ Chappelain de nostre Oratoire, et de ses Sens
„ Prudence et experience, nous icelluy confians
„ de ses leaulté prudhomie et bonne diligence,
„ avons par advis de nos tres chiers et feaulx les
„ Chiefs tresorier général et commis de nos Do-
„ maines et finances retenu commis ordonné et
„ estably, retenons, commettons ordonnons et es-
„ tablissons par ces presentes en l'estat et office
„ de nostre Bibliothécaire et garde de la dite li-
„ brairie de nostre Court etc. etc. „

Ensuite de cette nomination, François de Kinschot, conseiller et greffier des finances, fut chargé de vérifier l'inventaire, auquel il ajouta cinquante-trois nouveaux articles de livres imprimés, reçus depuis sa confection, et de remettre

au susdit Le Mire la garde des livres repris dans
ledit inventaire, au bas duquel se trouvait ce récépissé : " Je Aubertus Miræus prestre etc. etc.
,, certifie et confesse avoir receu en presence du
,, conseiller et greffier des finances Kinschot com-
,, mis faire a ce député tous les livres enprins en
,, cestuy registre et inventaire , promettant d'en
,, faire bonne et seure garde et en rendre compte
,, la et ainsy qu'il appartiendra; tesmoing mon
,, seing manuel cy mis le dernier de Janvier xvj.ᵉ
,, dix huit. *Signé* : Aubertus Miræus.,,

Aubert Le Mire, homme instruit et laborieux,
dont les nombreux ouvrages sont si utiles à ceux
qui s'appliquent à l'étude particulière de l'histoire
Belgique, occupa avec distinction, sous le gouvernement de ces Princes, la place de Bibliothécaire : aussi voyait-on sur quelques manuscrits
qui existaient en dernier lieu dans notre Bibliothèque, des notes écrites de sa main : entre autres
il y avait dans un livre de prières, sur vélin très-
fin, cette remarque : *Fuit olim Philippi audacis
ducis Burgundiæ ut colligitur ex Scuto militari et
litteris initialibus P. et M.*

Sur un autre manuscrit, intitulé : *Genealogia
Ducum Brabantiæ et vita Sanctæ Gertrudis*; petit

in-4.º sur vélin, on lisait la note suivante : *Liber primus est a clerico aut Canonico Nivellensi conscriptus circa annum* 1000, *sed liber secundus est scriptus a vetusto autore* S. *Gertrudis coetaneo, hortante tertia abbatissa Nivellensi. Liber tertius est partim a vetusta, partim ab eadem recentiori manu.* AUB. MIRÆUS.

Au reste, malgré le zèle d'Aubert Le Mire et son amour pour les lettres, il paraît que la Bibliothèque Royale ne reçut aucun avantage remarquable pendant le gouvernement des Archiducs Albert et Isabelle; il est vrai que ces bons Princes, tourmentés d'ailleurs par des guerres continuelles, se sont appliqués particulièrement à fonder des monastères et autres établissemens pieux, dans lesquels ils dépensèrent leur principal revenu. Ant. Sanderus, contemporain de Le Mire, nous a laissé dans sa *Bibliotheca Belgica Manuscripta.* Lille, 1641--44, 2 vol. in-4.º, une liste des manuscrits de la Bibliothèque Royale, qui vraisemblablement n'est qu'un extrait du catalogue pour lors existant; c'est d'ailleurs une pièce informe et très-mal rédigée.

Depuis le règne des Archiducs Albert et Isabelle, la Bibliothèque paraît avoir été négligée de plus en plus ; les désastres de la guerre, l'état malheureux de nos Provinces et la négligence des Gouverneurs généraux, qui d'ailleurs s'étant succédés trop rapidement, n'eurent pas le loisir d'y donner leurs soins, en ont été certainement la cause. Nous ignorons le nom de celui qui a pu remplacer Aubert le Mire, mort en 1640, en sa qualité de Bibliothécaire ; nous voyons cependant dans l'État de la Cour de l'Archiduc Léopold-Guillaume, que pendant son gouvernement ( il dura depuis 1647--1656 ) le nommé Luc Lancelot était chargé de la garde de la Bibliothèque (1).

Il paraît que depuis cette époque la Bibliothèque Royale fut confiée à la garde des Greffiers du Conseil des Finances ; aussi fut-elle presque totalement abandonnée ; les ordonnances portées par l'Archiduc Ernest et par le Comte de Fuentes en 1594 et 1595, dont nous avons fait mention ci-devant, relatives aux exemplaires à fournir par les imprimeurs à la Bibliothèque avaient été très-mal observées, de manière qu'en 1684 le Gouverneur général Otton-Henri, Marquis d'Alcaretto, par lettre écrite au Conseil de Brabant en date du

---

(1) Butkens, Trophées de Brab., suppl., tom. I, pag. 4.

14 Mars, ordonna de nouveau, de la part du Roi, de faire insérer à l'avenir dans tous les Octrois à accorder pour impression de livres la clause : " que ,, l'imprimeur sera tenu de livrer en mains du Bi- ,, bliothécaire et Garde de la Librairie de sa Majesté ,, présent et à venir deux exemplaires du livre ,, qu'il aura imprimé et ce dans le terme de quinze ,, jours après l'impression a peine tant de l'exécu- ,, tion que le dit Bibliothécaire pourra faire faire ,, sans avoir besoin de lettres exécutoriales, ou ,, aucune autre autorisation que de nullité d'oc- ,, troy et de cent florins d'amende à encourir ipso ,, facto par le defaut de la dite delivrance. ,,

Vers la fin de ce siècle, le greffier du Conseil des Finances Brouckhoven était chargé de la garde de la Bibliothèque ; il fut remplacé, en 1706, par le nommé Francquen, Greffier dudit Conseil.

Nous arrivons à une époque bien malheureuse pour notre Bibliothèque. La nuit du 3 au 4 Février de l'an 1731, le grand Palais royal, où cette Bibliothèque se trouvait placée, fut réduit en cendres ; il n'en resta que les murs, et l'Archiduchesse Gouvernante Marie-Élisabeth établit son logement dans l'Hôtel-d'Orange (1). La quantité de richesses et d'objets précieux, qui périrent dans cet incendie, fut immense. Les livres et les manuscrits, qu'on parvint à sauver de cette catastrophe, furent placés quelque temps après dans les souterrains de la Chapelle de ce Palais, laquelle par bonheur était restée intacte : cette Chapelle, chef-d'œuvre d'architecture gothique, avait des souterrains superbes, placés au-dessus des caves, de manière qu'ils étaient très-secs ; circonstance heureuse sans laquelle les livres, que les flammes avaient épargnés, eussent infailliblement péri par la négligence et l'ineptie des préposés. Cependant le Greffier du Conseil des Finances Franquen, à qui, comme on l'a dit plus haut, la garde de la Bibliothèque était confiée, en fit une espèce d'inventaire ou catalogue, si je peux donner ce nom à une mauvaise liste, sèche, informe et mal rédigée. Après cette opération, les livres restèrent dans ces souterrains pour ainsi dire abandonnés ; le Greffier qui en avait les clefs, n'y donnait accès à personne, et lui-

---

(1) Cet Hôtel a servi depuis lors au logement de la Cour. Le Prince Charles de Lorraine l'acheta dans la suite et le rebâtit en grande partie ; la Bibliothèque même, par des événemens imprévus, se trouve placée aujourd'hui dans ce local.

même n'y allait jamais ; de manière qu'il y avait même peu de personnes à Bruxelles, qui eussent connaissance de ce dépôt littéraire.

On sera sans doute bien étonné d'apprendre, que dans le milieu du XVIII.ᵉ siècle l'insouciance et l'impéritie des préposés de notre Gouvernement étaient telles, que cet état d'abandon dura jusqu'en 1754, comme on le verra ci-après.

Cépendant en l'an 1746, le Maréchal de Saxe, Commandant général de l'Armée française, sous Louis XV, s'étant rendu maître de la ville de Bruxelles, après un siége de quelques jours, des Commissaires Français, très-habiles pour cette sorte d'opérations, accompagnés d'un Conseiller du Parlement de Besançon, nommé Deshans, parvinrent à découvrir ces souterrains, ignorés des habitans mêmes de Bruxelles, et malgré les articles de la capitulation, ils enlevèrent grand nombre de manuscrits précieux, dont une partie fut déposée à la Bibliothèque Royale de Paris, et le reste, comme malheureusement c'est l'ordinaire dans des cas pareils, fut gaspillé, partagé et vendu.

Le traité de limites entre la France et l'Autriche, offrit au Gouvernement de la Belgique une occasion favorable

favorable pour réclamer le nombre des manuscrits précieux, enlevés de Bruxelles, par la prise de cette ville en l'an 1746 : il en profita, et la France ayant consenti, par la convention du 16 Mai 1769, à la restitution de ces manuscrits, M.r le Comte de Neny, chef et président du Conseil privé de S. M. l'Impératrice Reine, chargé à cet effet par le Gouvernement des Pays-Bas, remit aux Commissaires du Roi de France la note de tous les manuscrits enlevés, consistant en 188 volumes, et dont on demandait la restitution.

En vertu de cette démarche, M.r le Comte de St. Florentin, Ministre de la maison du Roi, écrivit les deux lettres, dont copie suit (1):

1.re *Au Garde des livres imprimés.*

" Versailles, le 24 Décembre 1769. Je joins ici,
,, Monsieur, un état qui m'a été adressé par
,, M.r le Duc de Choiseul, de plusieurs manuscrits
,, qui sont réclamés par l'Impératrice Reine de
,, Hongrie, et qui, aux termes de la conven-

(1) Ces copies m'ont été communiquées par M.r Van Praet, Conservateur de la Bibliothèque Impériale à Paris.

,, tion conclue avec elle par S.ᵗ M. le 16 Mai
,, dernier, doivent lui être restitués, ainsi que
,, tous les papiers, titres et documens, qui ont
,, été transférés de Bruxelles à Paris pendant la
,, guerre de 1742; vous voudrez bien me mander
,, si tous ceux portés sur cette note sont à la
,, Bibliothèque du Roi, et me marquer à la marge
,, ceux qui n'y sont pas. Il faudra aussi rassem-
,, bler tous ceux qui s'y trouveraient pour les
,, remettre à M.ʳ le Duc de Choiseul. On ne peut
,, vous être, Monsieur, plus parfaitement dévoué
,, que je le suis. ,,

Il se trouve au bas de cette lettre la note suivante ajoutée par le Garde des livres imprimés de la Bibliothèque du Roi.

N.ᵒˢ 8. 13. 18. 22. 23. 27. 29. 31. 50. 54. 56. 63. 70. 71. 72. 76.—79. 89. 111. 113. 114. 9. 10. 32. 81. 82. M.ʳ Bignon a gardé les N.ᵒˢ ci-dessus, il en a prévenu M.ʳ le Comte de St. Florentin. A la Bibliothèque du Roi, ce 2 Mars 1770.

2.ᵉ *A Monsieur Bignon.*

" Versailles, le 25 Février 1770. L'intention
,, du Roi, Monsieur, étant que les livres manus-

„ crits de Bruxelles qui ont été réclamés par la
„ Cour de Vienne et qui sont contenus dans la
„ note que je vous ai remise, soient rendus à
„ cette Cour, vous voudrez bien, s'il vous plaît,
„ les faire remettre au S.ʳ Pfeffel, Commissaire
„ de S. M. dans cette partie, qui vous en don-
„ nera sa décharge, vous connaissez les sentimens
„ avec lesquels j'ai l'honneur d'être, Monsieur,
„ votre très-humble et très-obéissant serviteur. „

On rendit en conséquence environ 80 volumes,
c'est-à-dire la plus grande partie de ceux, qui
avaient été placés à la Bibliothèque du Roi à
Paris, et qu'on avait fait relier magnifiquement en
marroquin rouge aux armes du Roi.

D'après l'observation faite par nos commissaires,
que le nombre des volumes rendus ne formaient
pas la moitié des articles désignés dans la note
fournie, on convint qu'il y avait effectivement
dans la Bibliothèque de la Sorbonne, et dans quelques autres Bibliothèques en France, des manuscrits intéressans, qui certainement ne pouvaient
provenir que du dépôt enlevé en partie à Bruxelles
en 1746; mais on observa que ceux qui en étaient
les possesseurs les ayant achetés de leurs propres
deniers, le Roi ne pouvait pas les obliger à les

rendre : au moyen de quoi il fallut se contenter de la restitution susdite, quoiqu'on eût des raisons de croire, qu'il en restait encore d'essentiels à la Bibliothèque Royale de Paris ; conjecture que l'événement paraît avoir justifiée ; car en l'an 1761 on vit sortir de l'Imprimerie royale à Paris, l'*Histoire de Saint Louis*, par Jehan Sire de Joinville, imprimée, comme on le dit dans la préface, d'après un manuscrit que la Bibliothèque du Roi avait nouvellement acquis. Or, il est bien certain que ce manuscrit n'était autre chose que celui enlevé à Bruxelles en 1746, désigné dans la *Bibliotheca Belgica Manuscripta* de Sanderus, sous le titre de : *La Vie de Saint Louis* (1), et dans la liste des manuscrits que le feu épargna en 1731, faite par le greffier du Conseil des Finances Francquen, liste dont on forma la note de réclamation remise aux Commissaires Français, sous celui de : *Des Gestes de Saint Louis* (2).

Cependant, malgré tous ces événemens propres à éveiller les plus endormis, les tristes restes de

---

(1) Tome. II, page 9, n.° 375.

(2) Il a été réclamé dans la note remise au Gouvernement français, sous le n.° 16, portant le titre de : *Les Gestes de St. Louis*.

la Bibliothèque de Bourgogne, qui, en 1731, avaient été sauvés de l'incendie, existaient encore ensevelis dans les souterrains de la Chapelle du Palais-Royal en 1753, dans un tel abandon, qu'ils étaient ignorés non-seulement des habitans de Bruxelles, mais aussi de presque tous les employés du Gouvernement.

Heureusement le Comte de Cobenzl, homme curieux et ami de lettres, qui avait vu dans diverses Bibliothèques d'Allemagne des manuscrits précieux provenant de la Bibliothèque des anciens Ducs de Bourgogne, aussitôt après avoir pris possession de sa place de Ministre plénipotentiaire de l'Impératrice-Reine aux Pays-Bas (ce fut le 15 Septembre 1753), s'informa de l'état de cette ancienne Bibliothèque; mais il fut extrêmement surpris de voir que personne ne pouvait lui en donner le moindre renseignement, et ce ne fut qu'après des recherches continuelles de plusieurs mois qu'il apprit enfin qu'un des Greffiers du Conseil des Finances (c'était pour lors M.<sup>r</sup> le Baron de Lados, qui avait succédé à M.<sup>r</sup> Francquen) avait le titre et la commission de Bibliothécaire, et qu'il y avait des livres dans les souterrains de la Chapelle de l'ancienne Cour brûlée; c'est tout ce qu'il put savoir de celui, qui s'appelait Bibliothécaire, et qui ignorait lui-même quels livres il avait sous sa garde. Le Comte de Cobenzl prit donc le parti d'examiner par lui-même ces souterrains, et y ayant trouvé un bon nombre de manuscrits et de livres imprimés, il résolut de les tirer de l'opprobre, où l'ignorance et l'apathie les avaient laissés depuis plus de vingt ans dans cette espèce de tombeau. Il chercha en conséquence un local propre à les recevoir, et ayant appris qu'il y avait une fort belle salle entre la rue Isabelle et le Parc, il résolut de les y placer.

Cette salle, de 40 pieds de long et autant de large sur 47 de hauteur, était d'une assez bonne architecture, ornée de pilastres et de deux grandes cheminées de marbre : au-dessus de la porte d'entrée il y avait une belle tribune de marbre à l'usage des musiciens pour les jours des festins et de bals (1).

(1) C'était un grand bâtiment carré, construit aux frais et par ordre de Philippe IV, Roi d'Espagne, daté du 15 Mai 1625, et voici à quelle occasion. En 1615, l'Infante Isabelle fit l'honneur au Grand-Serment de l'Arbalête d'aller tirer l'Oiseau ou le Papegay, placé sur la tour de l'Eglise du Sablon; elle eut le bonheur de l'abattre, et cette circonstance excita un grand enthousiasme parmi le peuple; de manière que l'Infante fut proclamée Reine du Grand-Serment, et reconduite en conséquence à la Cour aux acclamations de

Le Comte de Cobenzl ayant fait boucher sept grandes fenêtres, qui empêchaient d'y placer les casses de la Bibliothèque, fit disposer cette salle, dont le Grand-Serment ne faisait plus d'usage, de manière que les livres et les manuscrits, qui se trouvaient dans les souterrains susmentionnés, y furent transportés et placés en 1754.

Cette opération terminée, quoique la garde de la Bibliothèque Royale fut confiée depuis plus d'un demi siècle au Greffier du Conseil des Finances, M.r Cordeys, Président de la Chambre des Comptes, qui avait une grande influence dans le Gouvernement, proposa au Comte de Cobenzl, pour remplir la place de Bibliothécaire, un prêtre nommé

---

tous les habitans de Bruxelles, qui allumèrent des feux de joie à ce sujet. Philippe IV, pour honorer l'Infante Isabelle, fit bâtir cet édifice à l'usage du Grand-Serment des Albalétriers, dont le jardin d'exercice était vis-à-vis; la salle d'assemblée devait servir aussi pour les festins et les ballets de la Cour. On y lisait cette inscription:

PHILIPPO IIII HISPAN. REGE
ISABELLA CLARA EVGENIA
HISP. INFANS
MAGNAE GVLDAE REGINA
GVLDAE FRATRIBVS P.

Pierre Wouters, à qui ce Président, en récompense du service qu'il lui avait rendu en faisant le catalogue de sa bibliothèque, qui était assez nombreuse, avait déjà procuré un bon canonicat dans l'Eglise collégiale de la ville de Lierre; il avait fait plus, car comme ce canonicat exigeait résidence, il trouva le moyen, par des lettres de *significamus*, de l'en exempter sans diminution du revenu.

Enfin, au mois de Mars de l'an 1754, le chanoine de Lierre, P. Wouters, entra en possession de la place de Bibliothécaire; cependant sa commission ne fut expédiée que le 13 du mois d'Août 1755, parce que le Conseil des Finances, qui voulait soutenir les prérogatives de son Greffier, avait fait des représentations contre la nomination dudit Wouters. Il avait proposé, avec beaucoup de modération, à M.r le Comte de Cobenzl, de conserver au Greffier du Conseil, M.r le Baron de Lados, ses droits et prérogatives, en nommant le chanoine Wouters Bibliothécaire-adjoint; mais ce chanoine, qui, sous la protection de M.r Cordeys, avait déjà pris un ton de maître, trouva cette proposition déshonorante; et bien loin de vouloir l'accepter, il exigea qu'au titre de Bibliothécaire on ajouta celui de Trésorier; de manière que

que M.r de Cobenzl, malgré les remontrances du Conseil des Finances, retira à M.r le Baron de Lados sa Commission de Garde de la Bibliothèque, et nomma le chanoine Wouters Trésorier Bibliothécaire de la Bibliothèque Royale.

Sur ces entrefaites le susdit Wouters, pour prouver sans doute à M.r de Cobenzl les avantages considérables, que la Bibliothèque Royale pouvait attendre de son zèle et de ses talens dans le poste de Bibliothécaire, auquel il aspirait, fit imprimer une liste des livres, qu'il avait achetés avec les fonds que ledit Cobenzl lui avait fait remettre; en voici le titre : *Catalogus librorum, quibus Bibliotheca Belgica adaucta est* 25 *Aprilis* 1755 (1),

---

(1) Il fit aussi placer dans la même vue, sur deux cheminées de la Bibliothèque, deux tables de marbre blanc, avec ces inscriptions :

DOMUM HANC
AB ISABELLA EVGENIA
IN FESTVM GENIALE EXSTRVCTAM (1625)
AVSPICIO
MARIAE THERESIAE IMP. REG.
IN MVSAEVM REGIVM SACRAVIT
CAROLVS ALEXANDER
LOTH : ET BAR. DVX BELGII GVB.
1754.

volume in-fol. de neuf pages, avec une épître dédicatoire adressée au Prince Charles de Lorraine et un avis au lecteur, dans lequel se trouvent indiqués trente-huit ouvrages, la plupart insignifians et de peu de valeur : il est certain que tout autre que Wouters n'eût pas eu le courage de faire imprimer une rapsodie de cette nature, qui nous apprend seulement, que le rédacteur n'était pas en état de remplir la place de Bibliothécaire, comme la suite l'a bien démontré.

En effet, pendant treize ans que ce bon chanoine exerça les fonctions de Bibliothécaire, il ne nous a laissé pas même une simple liste des ouvrages qui y existaient. Sa principale occupation était d'aller aux ventes, et avec les fonds que le Comte de Cobenzl lui donnait de temps à autre,

BIBLIOTHECA REGIA
AB ANTRI DIVTINO SQVALORE VINDICATA
AVSPICIO
CAROLI ALEXANDRI
CURA
EXC. CAROLI
S. R. I. COMITIS A COBENZL
1754.

il y achètait tous les livres de rebut et qu'on vend ordinairement par douzaines; c'était assez pour lui de remplir par ce moyen les cases de la Bibliothèque (1). Enfin, les livres n'ont pas été sous sa garde plus utiles au public, que quand ils existaient ensévelis dans les souterrains de la Chapelle

---

(1) Nous devons cependant convenir que Mr. Wouters avait beaucoup de zèle pour le bien-être et les avantages de la Bibliothèque, car immédiatement après sa nomination, et en vertu des ordonnances de 1595 et 1684, dont nous avons fait mention expresse ci-devant, il fit sommer tous les libraires de Bruxelles et leur ayant-cause, de fournir à ladite Bibliothèque deux exemplaires de tous les ouvrages imprimés par eux ou par leurs auteurs. La prétention était assez singulière; des ordonnances antiques, dont on ne se souvenait pas à Bruxelles d'avoir vu l'exécution; des droits d'une Bibliothèque inconnue des habitans, brûlée en 1731 et pillée en 1746; des demandes faites aux libraires et aux héritiers, pour des impressions surannées dont ils n'avaient plus le fonds, etc. etc.; tout lui paraissait bon, pourvu qu'il remplit son objet: au reste, il suffit de dire que ces bons imprimeurs eurent bien peur, et pour éviter les difficultés, ils transigèrent avec le chanoine Wouters; les uns en donnant de l'argent, les autres en fournissant quelques vieux exemplaires, et les héritiers de l'imprimeur Foppens, qui n'avaient plus de fonds de librairie, se virent obligés de céder plusieurs manuscrits, qu'ils avaient de leur frère J. Fr. Foppens, Archidiacre de Malines, éditeur et continuateur de la *Bibliotheca Belgica*.

de la Cour brûlée; personne n'y pouvait avoir accès que ceux que le Comte de Cobenzl y conduisait quelquefois lui-même, ainsi que les principaux membres du Gouvernement, auxquels il n'osait pas refuser l'entrée.

Cependant le Comte de Cobenzl, d'après le rapport et les assurances du chanoine Wouters, était dans la ferme persuasion, que si la Bibliothèque n'était pas bien riche en livres de toute espèce, il y en avait au moins un très-bon fonds : il était d'autant plus fondé à le croire, qu'il y voyait de très-bons ouvrages, rangés dans les cases principales de ladite Bibliothèque.

Ce ne fut qu'en 1768, qu'il connut son erreur, et qu'il s'apperçut de l'insuffisance du susdit Wouters pour remplir les fonctions dont il était chargé, et voici comment. Désirant encourager les lettres dans la ville de Bruxelles, et y établir à cet effet une Société littéraire, le Comte de Cobenzl engagea M.r Schoepflin, Historiographe de France et Professeur d'histoire et du droit public dans la ville de Strasbourg, à se rendre à Bruxelles, afin de pouvoir conférer avec lui sur cet objet; à son arrivée, M.r de Cobenzl n'eut rien de plus empressé que de le conduire au local de la Bibliothèque, afin d'examiner ce qu'il y avait de plus remarquable, comme devant faire partie essentielle de l'établissement projeté.

M.r Schoepflin, sans s'arrêter à la beauté des miniatures et à l'exécution magnifique des manuscrits, s'attacha particulièrement à examiner ce qu'il y avait d'utile pour les gens de lettres et pour l'instruction; mais d'après ce que M.r de Cobenzl lui avait dit de si avantageux, il fut d'abord surpris de ne voir qu'une masse considérable de livres inutiles et de peu de valeur; il le fut encore bien davantage, ainsi que M.r de Cobenzl lui-même, quand le chanoine Wouters leur dit, que les bons ouvrages qu'ils y voyaient placés dans les cases principales ne faisaient point partie de la Bibliothèque; que c'étaient ses propres livres à lui appartenans. M.r de Cobenzl, qui avait toujours cru que ces ouvrages appartenaient à la Bibliothèque, fut si choqué de se voir trompé vis-à-vis de M.r Schoepflin, qu'il ordonna au Bibliothécaire de se retirer de la salle, et y étant resté avec M.r Schoepflin, et M.r Gérard, pour lors Official de la Secrétairerie d'état et de guerre, qui les avait accompagnés (1); on examina de nouveau et plus en détail tous les livres ; ensuite de quoi M.r Schoepflin dit au Comte de Cobenzl qu'il voyait bien, qu'outre le désordre où tout se trouvait, déduction faite des livres réclamés par le Bibliothécaire,

---

(1) Mr. Gérard, dont nous aurons occasion de parler plus d'une fois dans cet écrit, a montré constamment un zèle distingué pour l'établissement et les avantages de la Bibliothèque publique, dont on peut dire qu'il fut toujours le promoteur, ayant su profiter avec prudence des bonnes dispositions de Mr. le Comte de Cobenzl et de son successeur le Prince de Starhemberg pour les progrès des lettres dans la Belgique. Il fut nommé Secrétaire de la Société littéraire établie à Bruxelles le 5 Février 1769, et cette Société ayant été érigée en Académie impériale - royale des Sciences et Belles - Lettres le 16 Décembre 1772, il en fut nommé Secrétaire perpétuel par Sa Majesté. Mais en l'an 1776, ayant été fait Auditeur de la Chambre des Comptes au Département des Archives et Secrétaire de S. M., les devoirs attachés à ces fonctions, et une commission importante et de longue durée dont il fut chargé par le Gouvernement, l'obligèrent à demander la démission de Secrétaire perpétuel de ladite Académie, dont il exerça les fonctions pour la dernière fois dans la séance du 2 Avril 1776. Je m'arrête ici, craignant de blesser sa modestie : je finirai par dire : quelle est sa récompense après tant de services rendus pour l'avantage des lettres, pendant plus de quarante ans ? heureux encore de pouvoir passer tranquillement ses vieux jours retiré au coin de sa Bibliothèque, l'une des plus riches en livres manuscrits et imprimés concernant l'Histoire Belgique.

comme lui appartenant, il resterait à peine quelques centaines d'ouvrages imprimés, qui fussent dignes d'être conservés dans la Bibliothèque; il ajouta que si M.r de Cobenzl était dans l'intention d'établir à Bruxelles une Société littéraire, et des prix à distribuer annuellement aux meilleurs mémoires, il fallait nécessairement rendre ladite Bibliothèque publique en la garnissant préalablement de bons ouvrages, utiles aux gens de lettres, et principalement de ceux relatifs à l'histoire générale et particulière de la Belgique; que pour y parvenir il était urgent de prendre les mesures suivantes:

1.º Ordonner d'abord au Bibliothécaire de retirer de la Bibliothèque les ouvrages, qui lui appartenaient.

2.º Renvoyer ledit Bibliothécaire, et le remplacer par une personne plus versée dans la connaissance des livres, et qui fût en état de former un bon catalogue.

3.º Et finalement faire de suite un inventaire de tous les livres restans, après que le Bibliothécaire aurait retiré ceux qui lui appartenaient, afin de pouvoir indiquer, avec connaissance de cause, ceux qu'on devrait conserver, et ceux dont il fallait se défaire comme inutiles.

Ensuite de ces observations, M.r le Comte de Cobenzl fit passer au Conseil des Finances un Décret de Son Altesse Royale, portant : " Qu'étant
„ informé du désordre et de la mal-propreté de la
„ Bibliothèque Royale, elle chargeait le Conseil
„ d'enjoindre au Bibliothécaire de sortir sans délai
„ tous ses livres, effets et meubles de la salle de
„ cette Bibliothèque, et de n'y laisser que les
„ manuscrits et livres appartenant à Sa Majesté ;
„ de commettre un official intelligent pour exami-
„ ner avec le Bibliothécaire le catalogue de livres
„ afin de reconnaître si tous les manuscrits et
„ livres s'y trouvaient, et pour voir si le Biblio-
„ thécaire avait inséré dans le catalogue tous les
„ livres qu'il s'était fait livrer successivement par
„ les imprimeurs et ceux qu'il avait achetés avec
„ l'approbation de S. A. R. pour le compte de
„ Sa Majesté. „

Le Conseil des Finances, par sa Consulte du 26 Janvier 1767, informa S. A. R., qu'il avait donné part au Bibliothécaire Wouters de ses intentions et de ses ordres, et qu'en même temps il avait nommé l'official Jouen à l'effet de les mettre à exécution ; que cet official, après avoir éprouvé les effets de la mauvaise volonté du Bibliothécaire, était enfin parvenu à faire sortir tous les livres et
autres

autres effets, qu'il disait lui appartenir, s'étant rapporté sur cet article à sa bonne foi; car nonobstant les ordres exprimés dans sa commission, le Bibliothécaire, depuis onze ans qu'il était en fonction, n'avait pas encore fait d'inventaire d'aucune espèce; de manière qu'il n'était pas possible de trouver la moindre notice relative aux ouvrages fournis par les imprimeurs, non plus qu'à ceux achetés pour le compte de Sa Majesté par ledit Bibliothécaire.

Que dans ces circonstances l'official Jouen s'était vu enfin forcé d'avoir recours pour sa direction, au catalogue ancien des livres sauvés de l'incendie de la Cour en 1731, au moyen duquel il avait demandé au Bibliothécaire Wouters de lui produire les articles y mentionnés; mais que la Bibliothèque se trouvait si mal arrangée et les livres tellement éparpillés que pour en trouver un, le Bibliothécaire même devait chercher très-longtemps; de sorte que ce n'avait été qu'au bout de six semaines qu'on était parvenu à faire la vérification des manuscrits; qu'il résultait de là, qu'en continuant de la même manière on ne finirait pas la besogne dans l'espace de deux ans.

Dans cet état de choses le Conseil proposa de

K

charger le Bibliothécaire Wouters, ou toute autre personne de former le catalogue général de tous les livres imprimés de la Bibliothèque Royale : ensuite de cette proposition Son Altesse chargea le Conseil d'ordonner la confection dudit catalogue, faisant défense au Bibliothécaire Wouters de troubler ou d'empêcher en aucune manière la personne à dénommer à cet effet par ledit Conseil. L'official Jouen fut donc chargé de cette opération, dans laquelle il resta occupé pendant neuf mois consécutifs, et le Bibliothécaire Wouters se voyant enfin déjoué de tous côtés, prit la résolution, pendant ces entrefaites, d'abandonner la Bibliothèque, et il se retira chez les Pères Bogards, où il demeura toujours dans la suite.

Quant aux comptes rendus et à rendre par ledit Wouters, le Gouvernement, pour couper court à toutes les difficultés, désirant d'ailleurs terminer le tout sans bruit, d'après la proposition du Conseil des Finances dans sa Consulte du 29 Octobre 1768, ordonna de lui accorder une somme de cent pistoles pour toutes ses prétentions, et en outre de lui conserver les honneurs et titre de Bibliothécaire (1).

---

(1) Comme un malheur ne vient pas ordinairement seul,

Après sa retraite, le chanoine Wouters fut remplacé par l'official Jouen sous le titre de Substitut-Bibliothécaire ; mais comme cet official n'était pas versé dans la connaissance des livres, le catalogue, qu'il fit de la Bibliothèque, n'était qu'une simple liste mal rédigée, où les livres se trouvaient indiqués indistinctement sans aucun ordre.

M.r Schoepflin étant revenu à Bruxelles afin d'accélérer l'établissement de la Société littéraire, qu'il avait conseillé à M.r de Cobenzl, comme le meilleur moyen de faire revivre les let-

---

Mr. Wouters fut encore chagriné d'un autre côté ; car le Chapitre de Lierre, informé qu'il n'exerçait plus les fonctions de Bibliothécaire, présenta requête à S. A. R. à l'effet de lui faire retirer les lettres de *significamus*, qu'il avait obtenues, sous prétexte qu'il était au service de Sa Majesté ; que ce motif n'existant plus, et que d'ailleurs le nombre des Chanoines ne suffisant pas pour faire le service divin avec la décence requise, le Chapitre demandait que Mr. Wouters vint résider dans la ville de Lierre pour y exercer les devoirs attachés à son canonicat, conformément à la fondation. Cependant, malgré les raisons alléguées par le Chapitre, Mr. Wouters sut, par le moyen de ses amis, conserver ses lettres de *significamus*, en vertu desquelles il demeura retiré et tranquille plus de vingt ans chez les Pères Bogards de Bruxelles, jouissant du bénéfice de son canonicat.

tres dans la Belgique (1), se rendit de nouveau, avec ce Ministre et avec M.r Gérard, à la Bibliothèque Royale, où ayant jeté un coup-d'œil sur la liste des livres, faite par le Substitut-Bibliothécaire Jouen, il s'apperçut d'abord que plus des trois quarts des livres indiqués dans ladite liste, ne méritaient pas d'y être conservés; et en conséquence il conseilla M.r de Cobenzl de faire épurer ladite Bibliothèque, en mettant au rebut la quantité considérable de livres inutiles, qui s'y trouvaient; et comme le Substitut-Bibliothécaire n'avait pas assez de connaissance en fait de livres, il lui proposa de charger M.r Gérard de cette opération difficile ainsi que de la direction de la Bibliothèque, ce qui fut agréé et approuvé par M.r de Cobenzl.

Le 1.er Février 1769, ce Ministre éclairé, ayant préparé toutes les choses nécessaires pour l'établissement de la Société littéraire, adressa enfin aux membres nommés pour composer cette Société, une lettre circulaire, en vertu de laquelle ils s'assemblèrent le 5 de Mai suivant pour commencer le cours de leurs opérations.

(1) Mr. Schoepflin se proposait même l'ouverture de cette Société par un discours que le Comte de Cobenzl lui avait prié de prononcer; mais étant tombé malade, il se vit forcé de retourner chez lui.

Cependant M.r Gérard, qui avait été nommé Secrétaire perpétuel de ladite Société, ne se fiant pas à ses propres lumières, quoiqu'il fût bien capable, par ses vastes connaissances en bibliographie, de faire seul le récensement des livres indiqués dans la liste susmentionnée, prit le parti de consulter encore trois autres membres de la même Société, qui étaient très-versés dans la connaissance des livres; savoir, M.r de Nelis, chanoine de Tournay et ensuite Évêque d'Anvers; M.r Paquot, Conseiller-historiographe, et M.r Verdussen, Échevin de la ville d'Anvers, lesquels furent d'avis que d'environ neuf mille volumes imprimés, dont la Bibliothèque était composée, il fallait en mettre au rebut sept mille comme inutiles.

Malheureusement la mort inopinée de M.r le Comte de Cobenzl, arrivée le 27 Janvier de l'an 1770, retarda encore l'exécution de l'établissement d'une Bibliothèque publique; les lettres perdirent en lui un vrai protecteur et un ami; il laissa une belle collection de livres, qui fut vendue dans la suite (1).

---

(1) Les Belges se ressentirent de la perte de Mr. de Cobenzl; c'est en effet le Ministre le plus éclairé que la maison d'Autriche ait eu dans la Belgique. Rempli de zèle

Le Prince de Starhemberg, son successeur, étant arrivé à Bruxelles au mois de Juin de la même année, M.r Gérard, Secrétaire perpétuel de la Société littéraire, se rendit quelque temps après chez lui, pour l'informer du projet que son prédécesseur avait eu d'établir à Bruxelles une Bibliothèque publique et des mesures qu'on avait prises à ce sujet, ainsi que du travail dont il avait été chargé pour épurer la Bibliothèque avant de la rendre publique, et du résultat de l'examen fait à ce sujet avec trois membres de la Société littéraire.

D'après cette information, le Prince de Starhemberg se rendit lui-même dans la suite avec M.r Gérard au local de la Bibliothèque, que ce Ministre trouva d'abord trop petit et dont le nombre de volumes lui parut trop peu considérable

pour l'intérêt public, il fit fleurir le commerce, protégea les arts et encouragea l'industrie nationale. La ville de Bruxelles lui doit ses embellissemens, c'est lui qui fit bâtir la Place Saint-Michel et arranger d'une manière décente et commode les environs de l'Eglise de Saint-Géry; il forma le projet de la Place Royale, et fut le premier moteur de l'établissement de la Bibliothèque publique, et d'une Société littéraire, érigée dans la suite en Académie, sous le titre d'*Académie Impériale et Royale des Sciences et Belles-Lettres de Bruxelles*.

pour l'usage d'une Bibliothèque publique; mais M.<sup>r</sup> Gérard lui fit observer qu'au moyen de quelques changemens de peu de conséquence à faire dans le local, il y aurait de la place suffisamment pour établir une Bibliothèque bien composée de livres choisis et utiles, et que certainement il y aurait plus de difficulté à trouver les livres que de la place pour les recevoir; d'autant plus qu'après l'examen exact qu'il avait fait avec trois de ses collègues, très-versés dans la connaissance des livres, les trois quarts de ceux qui s'y trouvaient, devaient être rejetés et vendus comme inutiles.

Le Prince de Starhemberg observa pour lors, que s'il fallait faire des changemens au local, et en outre acheter les livres nécessaires, les dépenses monteraient trop haut, et qu'en conséquence, malgré le désir qu'il avait d'être utile aux progrès des lettres, il n'oserait pas, tout au commencement de son ministère, en faire à Sa Majesté la proposition.

Cependant M.<sup>r</sup> Gérard, qui s'apperçut de la bonne volonté de M.<sup>r</sup> de Starhemberg, saisissant une occasion si favorable, profita adroitement de la circonstance heureuse de la vente qu'on allait faire de la bibliothèque de feu le Comte de Cobenzl, pour dire avec assurance au Prince, que pour ce qui regardait les ouvrages à faire dans le local, afin de pouvoir l'adapter à l'usage d'une Bibliothèque publique, les frais ne pourraient pas être considérables, et qu'il ne doutait aucunement que Sa Majesté n'agréât la proposition; mais que quant à l'achat des livres, qui semblait être l'objet le plus difficile, il se faisait fort, lui Gérard, de fournir la Bibliothèque des ouvrages les plus utiles et les plus nécessaires, moyennant une somme modique quelconque que l'on mettrait à sa disposition, afin de pouvoir l'employer dans la vente qu'on allait faire des livres de feu le Comte de Cobenzl. La raison principale, et que la suite n'a pas démenti, sur laquelle s'appuyait M.r Gérard, était : qu'il savait de science certaine, que dès que le public serait informé que le Ministre plénipotentiaire de S. M. I. faisait tous ses efforts pour faire revivre dans la Belgique le goût des lettres, et qu'à cet effet il se proposait de faire ouvrir à l'usage du public la Bibliothèque Royale, pour laquelle il avait chargé M.r Gérard d'acheter quelques ouvrages dans la vente des livres de feu le Comte de Cobenzl, les corps séculiers et religieux, les seigneurs, et un grand nombre d'habitans s'empresseraient à l'envi de faire des présens considérables à ladite Bibliothèque.

Ces

Ces motifs et la manière franche et assurée de
M.ʳ Gérard, engagèrent le Prince de Starhemberg,
très-porté d'ailleurs pour l'avantage des lettres, à
demander à S. M. l'Impératrice-Reine, dont il
connaissait les intentions bienfaisantes, la faculté
de pouvoir disposer d'une certaine somme pour
l'établissement d'une Bibliothèque publique si nécessaire dans la ville de Bruxelles, et en attendant
il chargea M.ʳ Gérard de faire acheter dans la
vente des livres de feu le Comte de Cobenzl pour
une somme de cent louis d'or, outre la promesse
d'un présent de cent ducats qu'il effectua dans la
suite.

Les espérances de M.ʳ Gérard ne furent pas
vaines; à peine la vente des livres du Comte de
Cobenzl était-elle finie, que les assurances qu'il
avait données à M.ʳ de Starhemberg commencè-
rent à se réaliser ; des membres de la Société littéraire et autres individus s'empressèrent d'envoyer
des présens à la Bibliothèque, et le bruit s'en
étant répandu, cet exemple excita de l'émulation
dans la Belgique : diverses Abbayes, les États de
Brabant, ceux de Flandre, les villes de Bruxelles
et d'Anvers, des Corporations, quelques Seigneurs
et Notables du pays donnèrent successivement des
ouvrages précieux qui enrichirent considérablement

la Bibliothèque. Le Duc d'Aremberg lui fit présent de deux grands globes céleste et terrestre, faits par Coronelli (1).

Cependant S. M. l'Impératrice-Reine ayant accordé une somme de mille ducats à la Bibliothèque, d'après les propositions qui lui avaient été faites par le Prince de Starhemberg, son Ministre plénipotentiaire, on prépara le local d'une manière avantageuse; et tous les changemens et les décorations étant achevés, M.r Gérard, qui a toujours montré le plus grand zèle pour l'avantage de cette Bibliothèque, y arrangea les livres en bon ordre, conformément au catalogue qu'il avait formé, non sans beaucoup de travail, de tous les ouvrages imprimés (2).

---

(1) Voyez à la fin la note (D).

(2) Le même zèle suggéra encore à Mr. Gérard un moyen qui contribua beaucoup à enrichir la Bibliothèque; il fit faire un grand volume de très-beau vélin blanc, bien relié, dans lequel il faisait annoter de la manière la plus honorifique les noms, surnoms, qualités et titres de tous ceux qui avaient concouru à l'augmenter, avec la liste de tous les ouvrages donnés en présent, afin d'engager de plus en plus les personnes de considération à continuer leurs bienfaits. Quelques jours avant l'ouverture, le Duc Charles de Lorraine

Le tout étant ainsi disposé, M.ʳ Gérard pria le Prince de Starhemberg de vouloir le décharger des soins de la Bibliothèque et de nommer un Bibliothécaire, à cet effet il lui proposa M.ʳ Des Roches, demeurant pour lors dans la ville d'Anvers ; mais comme les émolumens attachés à cette fonction étaient très-médiocres, et que d'ailleurs M.ʳ Des Roches n'avait d'autres moyens que ses talens et son industrie, il refusa la place de Bibliothécaire, qui en conséquence fut conférée à M.ʳ l'Abbé Chevalier, membre de la Société littéraire, avec 600 florins d'appointement.

Ensuite de cette nomination, M.ʳ Gérard remit à l'Abbé Chevalier le Catalogue qu'il avait formé de tous les livres imprimés existans pour lors dans la Bibliothèque, laissant au nouveau Bibliothécaire le soin de faire celui des manuscrits, qui cependant n'a pas été fait. Il inventoria avec lui, après nouvel. examen, tous les livres qu'on avait mis au rebut, dont on fit ensuite une vente publique,

---

s'étant rendu à la Bibliothèque, Mr. Gérard lui montra ce livre, qui rappelant au Prince son oubli, envoya immédiatement après à la Bibliothèque environ soixante volumes des SS. PP., de l'édition de St. Maur. Ce livre se conserve encore dans la Bibliothèque.

qui rapporta environ 600 florins de change ( 1270$^f$ ) que le nouveau Bibliothécaire employa en acquisitions de livres et frais de relieure.

Enfin après bien des incidens de toute espèce, grâces au zèle et à l'activité de M.$^r$ Gérard, la Bibliothèque fut rendue publique en 1772 (1), et,

---

(1) Voici l'inscription qu'on fit à cette occasion pour être placée dans l'intérieur de la salle : elle se rapporte aux événemens remarquables, dont nous avons parlé dans ce Mémoire.

QVAM OLIM
ILLVSTRES BVRGVNDIAE DVCES
BELGII PRINCIPES
BIBLIOTHECAM DITARANT CODICIBVS MSS.
HANC
PER SAECLA RECONDITAM
RECVPERATIS EX FOEDERE QVAE BELLONA
QONDAM EXPORTARAT VOLVMINIBVS
AC TVM
CLARORVM VIRORVM DONIS ADAVCTAM
APERVIT. ORNAVIT. LOCVPLETAVIT
VTILITATIQVE PVBLICAE SACRAVIT
MARIA THERESIA AVG.
ARTIVM SCIENTIARVMQVE PATRONA
PROVIDENTE CAROLO ALEXANDRO LOTHARO
ORD. TEVT. SVP. MAG. BELGII PRAEFECTO
ACCVRANTE GEORG. S. R. I. PRINCIPE DE STARHEMBERG
PRO AVG. ADMINISTRO
CIƆ IƆ CC LXXII.

ensuite du rapport fait quelque temps après par le Bibliothécaire à la Société littéraire, dont il était membre, que nombre de ceux qui la fréquentaient, demandaient souvent des ouvrages utiles qu'on n'avait pas, particulièrement ceux relatifs à l'Histoire de la Belgique et aux questions proposées pour le prix annuel, la Société décida qu'on employerait la partie des fonds, qui lui restait encore, à acquérir cette espèce d'ouvrages utiles (1).

L'ouverture publique de la Bibliothèque fut suivie d'un autre événement bien avantageux aux progrès des lettres; la Société littéraire, établie à Bruxelles par les soins du Comte de Cobenzl en 1769, fut érigée en Académie Impériale et Royale des Sciences et Belles-Lettres, par lettres-patentes de S. M. l'Impératrice-Reine, en date du 16 Décembre de la même année 1772. La salle de la Bibliothèque, qu'on venait d'ouvrir au public, lui fut assignée pour la tenue de ses séances.

---

(1) Ces fonds pouvaient être employés en gratifications et ensuite en pensions; mais les membres de cette Société préférant l'utilité publique à l'intérêt particulier et personnel, ordonnèrent qu'ils fussent employés en bénéfice de la Bibliothèque.

C'est à l'occasion de ces deux événemens qu'on a frappé le jetton, qui se trouve gravé dans le premier volume des Mémoires de l'Académie susdite ; il porte d'un côté le buste du Duc Charles de Lorraine, avec la légende : CAR. ALEX. LOTH. DUX BELG. PRAEF., et sur le revers cette inscription :

MVNIFICENTIA
AVGVSTAE
SCIENT. ET. LIT.
ACADEMIA REGIA
INSTITVTA
BIBLIOTHECA PVBL.
ERECTA BRVX.

M. DCC. LXXII.

L'érection de la Société littéraire en Académie Impériale et Royale, et la Bibliothèque publique assignée à son usage, contribuèrent infiniment à augmenter successivement la dernière de différens ouvrages envoyés par des académiciens et des savans étrangers.

La mort de M.r Verdussen, Echevin de la ville d'Anvers, donna occasion à l'Académie Impériale de Bruxelles d'augmenter la Bibliothèque publique.

La collection des livres de M.ʳ Verdussen, dont la vente était annoncée, se distinguait particulièrement par un grand nombre de manuscrits très-intéressans concernant l'Histoire Belgique. Dans la séance du 21 Mai 1776, on proposa d'en examiner le catalogue, et d'indiquer les manuscrits qu'il conviendrait d'acquérir pour la Bibliothèque. Messieurs De Nelis, Gérard et Des Roches s'acquittèrent de cette commission, ensuite de laquelle M.ʳ Des Roches fut chargé de se rendre à la vente, où il fit pour 1800 florins de change d'acquisitions, qui ont été déposées après à la Bibliothèque publique.

Immédiatement après cette époque, il se présenta encore une occasion beaucoup plus favorable et plus avantageuse. L'Académie Impériale et Royale de Bruxelles ayant appris que le Gouvernement Autrichien s'occupait sérieusement des dispositions pour la vente des livres de tous les Colléges des ci-devant Jésuites de la Belgique, fit une représentation au Ministre le Prince de Starhemberg, l'invitant à vouloir s'adresser à S. M. l'Impératrice-Reine, et de la supplier de faire réserver, pour la Bibliothèque Royale à l'usage du public et de l'Académie, tous les manuscrits existans dans les colléges et maisons des ci-devant

Jésuites aux Pays-Bas, ainsi que deux exemplaires de tous les ouvrages relatifs à l'Histoire Belgique; deux autres des livres les plus rares, et un au moins de ceux d'une utilité reconnue dans une Bibliothèque publique et fréquentée. Le Prince de Starhemberg, qui se faisait un plaisir de favoriser les lettres, seconda l'Académie selon ses désirs, et appuya sa demande auprès de S. M. I., qui l'accueillit favorablement et agréa les propositions que ladite Académie avait faites.

En conséquence de cette faveur signalée, qui combla les vœux de l'Académie et de tous les amis des lettres, le Prince de Starhemberg chargea M.[r] Gérard, membre de ladite Académie, Auditeur de la Chambre des Comptes et Secrétaire de S. M. de se rendre dans tous les colléges et maisons des ci-devant Jésuites, afin de s'occuper incessamment à former le catalogue de tous les livres y existans, après avoir retiré tous les manuscrits, ainsi que les ouvrages accordés par S. M. Impériale à l'usage de la Bibliothèque publique ensuite de la demande faite par l'Académie Impériale et Royale. Ces ordres furent exécutés avec exactitude ; tous les manuscrits, ainsi que les livres que M.[r] Gérard avait choisis, conformément à sa commission, furent envoyés successivement

à

à Bruxelles, où ils furent déposés dans l'Église des Jésuites. Après son retour à Bruxelles, il fit placer à la Bibliothèque publique les manuscrits, et autant d'ouvrages imprimés que la salle pouvait contenir; les livres restans, retirés de la vente et choisis par M.ʳ Gérard, dont le nombre était si considérable qu'ils occupaient les deux nefs de ladite Église, y restèrent déposés sous sa garde par ordre du Prince de Starhemberg, en attendant des dispositions ultérieures.

Le local de la Bibliothèque publique, où il n'y avait qu'une salle, était devenu trop petit pour y placer la masse considérable des livres que les événemens susmentionnés avaient procurés à cet établissement; l'endroit où elle était placée, ne présentait aucun moyen de pouvoir l'agrandir; de manière que le Prince de Starhemberg, après mûr examen, résolut de faire approprier le bel édifice de l'Église des ci-devant Jésuites de Bruxelles à l'usage de la Bibliothèque. Il chargea l'architecte Montoyer de lui présenter un plan. Celui-ci en fit un très-beau et très-commode, avec offre de le faire exécuter pour la somme de 32,000 florins, dont il déduisait celle de 4500, pour les matériaux du bâtiment de la Bibliothèque publique en cas qu'on jugeât à propros de les lui céder. Il offrait

M

aussi de prendre à compte pour une certaine somme les confessionnaux, le banc de communion et le pavé de ladite Église; de manière que tout bien calculé, et au moyen de la vente des livres doubles qu'on avait, cette construction ne devait couter, en argent comptant, que la somme très-modique de sept mille florins (12,700 francs).

En conséquence le Prince de Starhemberg soumit ce projet à l'approbation de S. M. I.; mais le Gouvernement ne trouva pas à propos de l'agréer: il paraît même que l'intention de S. M. était de conserver cette Église pour le Culte divin, à cause de sa belle architecture et de son local.

Le 4 Juillet 1780, le Duc Charles de Lorraine mourut au château de Tervueren, emportant les regrets des Belges: ce Prince, qui était très-curieux, possédait entre autres choses une belle collection de livres, dont on fit la vente publique par ordre de la Cour de Vienne, en 1781. L'Académie des Sciences et Belles-Lettres de Bruxelles, crut devoir profiter de cette circonstance pour demander au Gouvernement, en faveur de la Bibliothèque publique, les manuscrits et autres ouvrages précieux de cette collection, mais sa demande eut peu d'effet: MARIE-THÉRÈSE n'existait plus; sa mémoire seule resta gravée dans le cœur de son peuple, dont elle avait été la mère : la mort l'enleva le 29 Novembre 1780, après un règne heureux de 40 ans, et avec elle les Belges perdirent leur prospérité, leur liberté et leur bonheur.

En 1783 et 1784, l'Empereur Joseph II ayant supprimé plusieurs maisons religieuses, l'Académie de Bruxelles avait eu soin de demander quelques ouvrages pour la Bibliothèque publique, et en particulier tous les manuscrits qui pourraient s'y trouver; mais le Gouvernement de la Belgique n'eut aucun égard à cette demande; le protecteur de l'Académie et de la Bibliothèque, le Prince de Starhemberg, avait résigné son poste de Ministre plénipotentiaire. On trouva plus à propos de faire donner à la Chambre Héraldique une bonne partie de ces manuscrits, parmi lesquels se trouvait une collection antique très-intéressante des anciennes Vies des Saints des Pays-Bas, provenant de la Bibliothèque du Prieuré de Rouge-Cloître. Un Recueil de Vies des Saints à la Chambre Héraldique! Il était bien placé!

Cependant les livres déposés dans l'Église des Jésuites, restèrent toujours sous la garde de M.<sup>r</sup> Gérard jusqu'en 1788, que l'Empereur Joseph II ayant transféré à Bruxelles les Facultés de Droit et de Médecine de l'Université de Louvain, le Conseil Royal lui ordonna d'en remettre les clefs au nommé Le Bidart, employé dans la Jointe ecclésiastique, qui était chargé de faire déposer dans ce local les effets provenant de Louvain pour les facultés susdites.

Les troubles survenus dans la Belgique sous le règne de Joseph II, ayant forcé les Autrichiens d'abandonner la Flandre et le Brabant en 1789 et 1790, le Bibliothécaire de Louvain, sur le faux exposé qu'il fit aux États de Brabant que les livres qui se trouvaient déposés dans l'Église des Jésuites de Bruxelles appartenaient à l'Université, obtint d'abord la permission de les faire transporter à Louvain; il en avait déjà enlevé une partie, lorsque l'Académie des Sciences et Belles-Lettres en fut informée : elle chargea en conséquence trois de ses membres ; savoir, le Bibliothécaire, M.r Gérard et M.r l'Abbé Mann de se rendre incontinent à ladite Église des Jésuites et d'y protester contre l'enlèvement des livres susmentionnés; mais le Bibliothécaire de Louvain n'ayant eu aucun égard à cette protestation, M.r Gérard, au nom de ladite Académie, se rendit lui-même aux États, qui se trouvaient assemblés à l'Hôtel-de-Ville, où il apprit avec étonnement que lesdits États avaient seulement permis au susdit Bibliothécaire de faire transporter à Louvain les livres que le Gouvernement Autrichien avait fait venir à Bruxelles pour l'usage des facultés qu'on y avait transférées, lesquels livres se trouvaient déposés en Bibliothèque dans l'Église des Religieuses supprimées, dites des Lorraines, au Grand Sablon : ensuite de cette explication, et à la réquisition du susdit M.r Gérard, les scellés furent mis sur l'Église des Jésuites : mais il était un peu tard ; les meilleurs ouvrages et les morceaux les plus précieux avaient été transportés à Louvain.

Les Provinces Belgiques étant rentrées sous l'obéissance de leur Souverain en 1791, les livres qui étaient encore déposés dans l'Église des Jésuites de Bruxelles, furent transportés dans celle des Religieuses Brigitines : ce transport ayant été fait avec précipitation, on y employa un grand nombre d'ouvriers, qui volèrent une quantité considérable de livres ; de manière que quelques jours après on en voyait exposés dans toutes les boutiques des fripiers.

Enfin ces malheureux restes tant de fois transportés, éparpillés et volés, furent définitivement transportés à la Bibliothèque publique en 1792.

Nous arrivons à une époque bien funeste pour la Bibliothèque publique, dite de Bourgogne, à Bruxelles : la Belgique ayant été occupée et soumise, en 1794 (1), par les armées victorieuses de la France, le Représentant du peuple Laurent enleva de la Bibliothèque de Bourgogne sept chariots

---

(1) A cette époque émigrèrent plusieurs membres de l'Académie Impériale et Royale de Bruxelles ; entre autres le Bibliothécaire Mr. l'Abbé Chevalier, mort à Prague, en Bohême, au commencement du XIX.e siècle ; Mr. De Nelis, Evêque d'Anvers, mort en Italie. Ce dernier avait emporté avec lui quelques ouvrages imprimés et manuscrits de la Bibliothèque, qu'on lui avait prêtés en sa qualité d'Académicien, on en a recouvré une partie : Mr. l'Abbé Mann, actuellement demeurant à Prague, en Bohême : ce savant distingué, qui a enrichi les Mémoires de l'Académie de Bruxelles de plusieurs Dissertations Physiques, Mathématiques, etc., n'a pas oublié sa chère Belgique ; toujours attaché aux progrès des lettres et aux avantages de la Bibliothèque publique de Bruxelles, il vient de m'envoyer, pour y être déposé, l'exemplaire de son Abrégé de l'Histoire de la Ville de Bruxelles, avec grand nombre d'additions et corrections, écrites de sa main, qu'il avait préparées pour une seconde édition, ainsi qu'un traité très-savant qu'il vient de publier à Vienne, intitulé : *Principes Métaphysiques des Etres*, in-4°. Mr. Mann a eu le malheur de laisser chez lui à son départ de Bruxelles un domestique infidèle, qui vendit à son profit non-seulement la collection de livres de son maître, mais aussi plusieurs objets appartenans à l'Académie, qui s'y trouvaient déposés.

chargés de manuscrits et de livres les plus précieux, sans aucun inventaire préalable, et sans donner récépissé, outre un grand nombre d'ouvrages d'auteurs classiques français que ses agens s'approprièrent pour leur usage particulier. Cet enlèvement fut suivi d'un autre qui acheva de dépouiller la Bibliothèque : le 21 Septembre de la même année, les Commissaires des Sciences et Arts s'en étant rendus maîtres, enlevèrent le peu qu'il y était resté de manuscrits et de bons ouvrages. Voici la décharge qu'ils en donnèrent au concierge Timmermans.

Liberté. ——— Égalité.

" Nous avons mis en réquisition et fait enle-
,, ver, en vertu de nos pouvoirs, de la Biblio-
,, thèque Royale, dite de Bourgogne, quatre
,, manuscrits en langue orientale ; cinquante-neuf
,, manuscrits en langue latine ; quatre-vingt-cinq
,, manuscrits en langue française ; vingt-trois
,, manuscrits en langues diverses modernes; qua-
,, rante-un volumes d'anciennes éditions ; cent
,, cinquante - neuf volumes d'ouvrages sur les
,, sciences, les arts, l'histoire, etc., dont décharge
,, au C. Timmermans, concierge à Bruxelles, le
,, cinquième des jours complémentaires de l'an 2.[e]

,, de la République française une et indivisible.
,, Les titres desdits ouvrages sont indiqués dans
,, les catalogues restés entre nos mains. *Michel*
,, *le Blond, De Wailli, Faujas* (1). ,,

La confusion qui régnait chez nous dans ces circonstances orageuses, occasionna des dilapidations considérables : heureusement l'érection de l'Administration centrale et supérieure de la Belgique, composée d'hommes à talens et de probité, rétablit bientôt après l'ordre dans le Gouvernement intérieur, et arrêta les progrès de la malveillance. Les malheurs arrivés aux lettres et aux arts ne lui furent pas indifférens; cette Administration s'occupa d'abord de la Bibliothèque publique, elle chargea M.ʳ Gérard, le nommé Ortals et moi de la mettre en ordre et de faire au plutôt l'inventaire de tous les livres qui pourraient s'y trouver; en conséquence elle porta un arrêté, le 12 Nivôse an 3 ( 1.ᵉʳ Janvier 1795 ), ordonnant de faire lever les scellés que les susdits Commissaires des Sciences et Arts avaient apposés dans ladite

---

(1) Ces Commissaires enlevèrent aussi plusieurs objets d'Histoire naturelle et un monument de bronze, que l'on conservait à la Bibliothèque.

ladite Bibliothèque, ce qui fut fait le 14 du même mois, ou le 3 Janvier de la susdite année 1795. On s'occupa d'abord à former le catalogue des livres qui s'y trouvaient, et qui étaient en si petit nombre qu'on peut dire avec vérité qu'à cette époque nous avons commencé l'établissement d'une nouvelle Bibliothèque, qui, par la suite des événemens divers, est devenue beaucoup plus considérable que ne l'était l'ancienne, à l'exception cependant de la partie des manuscrits précieux qu'elle possédait.

Nous commencions à peine notre travail, qu'on vint nous assurer, qu'il y avait dans un des greniers de la maison du ci-devant Chancelier de Brabant un grand nombre de livres, que les militaires y avaient déposés : nous en donnâmes incontinent avis à l'Autorité supérieure, qui, après avoir fait lever de suite les scellés par les Commissaires de l'Administration d'arrondissement, nous ordonna d'en faire l'inventaire. Si nous n'avions pas pressé la levée des scellés, tous les livres déposés dans ce local eussent été absolument perdus ; car la nuit du lendemain de notre entrée (1) le

---

(1) Le 7 Pluviôse an 3 ( 26 Janvier 1795 ).

dégel étant survenu, et un tuyau de plomb qui passait par ce grenier ayant crevé, nous trouvâmes une si grande quantité d'eau, que nous eûmes à peine le temps de retirer les livres et les manuscrits, dont quelques-uns furent même très-endommagés. C'étaient les livres et les manuscrits provenant de la ci-devant Abbaye de Gembloux, que le général Ferrand avait trouvés cachés chez les fermiers, et qu'il avait fait transporter à Bruxelles par les fourgons militaires : on laisse à juger combien d'ouvrages s'étaient égarés dans un transport de cette nature ; aussi cherchâmes-nous inutilement parmi ces livres la fameuse Chronique de Sigebert, dont nous savions que l'original se conservait soigneusement dans cette Bibliothèque.

Après quarante jours de travail le catalogue de tous ces livres et manuscrits fut achevé : on en remit une copie à l'Administration, et une seconde fut envoyée au Comité d'Instruction publique de la Convention nationale. Pendant notre travail, les Commissaires des Sciences et Arts tentèrent de s'emparer d'une partie de ces livres ; mais les diverses formalités exigées préalablement par l'Administration les détournèrent de ce projet.

Il existait encore au Couvent dit *des Riches-*

*Claires* de la ville de Bruxelles, un dépôt de livres, non encore vendus, provenant des maisons religieuses supprimées par l'Empereur Joseph II en 1783 et 1784. Ce dépôt, dilapidé et volé plus qu'à moitié, était pour ainsi dire abandonné : l'Administration centrale en étant informée (1), ordonna aux Bibliothécaires, par son Arrêté du 18 Pluviôse an 3 (6 Février 1795), de les faire transporter à la maison susmentionnée du ci-devant Chancelier de Brabant, et d'en faire le catalogue, ce qui fut exécuté sans retard.

Par Arrêté du 16 Floréal an 3 (5 Mai 1795), je fus chargé particulièrement de me rendre à Malines, afin d'y examiner l'état de la Bibliothèque du Grand-Conseil, et d'y prendre note des livres que je trouverais convenable de faire transporter au dépôt général de la Bibliothèque publique de Bruxelles : je me rendis en conséquence dans ladite ville, où je trouvai la Bibliothèque du Grand-

---

(1) Cet exemple détermina l'Administration centrale et supérieure de la Belgique à porter son Arrêté du 18 Pluviôse an 3, par lequel elle ordonna à toutes les Administrations d'arrondissement de faire mettre sans délai les scellés sur toutes les Bibliothèques qui se trouveraient dans le cas de la confiscation ou du séquestre en faveur de la République.

Conseil en fort bon état et composée de bons livres, mais que nous avions déjà dans le dépôt général, à l'exception de trois ou quatre ouvrages, parmi lesquels la *Bibliotheca maxima Pontificia*, de Rocaberti, que je fis transporter à Bruxelles, pour augmenter notre collection.

Ces diverses opérations, qui nous ont occupé pendant plus de quatre mois, avaient retardé la confection du catalogue de la Bibliothèque de Bourgogne, qui fut définitivement mise en ordre et en état d'être ouverte au public dans le courant du mois de Mai : l'Administration centrale et supérieure de la Belgique ordonna en conséquence, par son Arrêté du 4 Prairial an 3, qu'à commencer du 17 du même mois (5 Juin 1795) la Bibliothèque publique de Bruxelles serait ouverte pour l'usage du public huit jours par décade, dont quatre le matin depuis neuf jusqu'à une heure, et les quatre autres depuis trois jufqu'à fept heures de relevée, tant que la saison permettrait de lire sans lumière.

Le 26 Juin 1795, nous fîmes transporter au dépôt général, dans la maison du ci-devant Chancelier de Brabant, une partie de livres, que nous avions découverts entassés dans le manége de la ci-devant Cour de Bruxelles; et au commencement du mois de Juillet suivant, ensuite d'un Arrêté de l'Administration, en date du 14 Messidor, nous y transportâmes encore plusieurs livres et manuscrits, échappés au gaspillage de diverses agences, qui se trouvaient éparpillés dans diverses chambres, sans excepter même celles occupées par le portier de la maison et bâtimens de la ci-devant Chambre des Comptes.

Dans le courant de ce même mois de Juillet, les religieux émigrés de la ci-devant Abbaye de Gembloux étant rentrés dans le délai accordé par la loi, réclamèrent auprès de l'autorité compétente les livres et les manuscrits, dont il a été fait mention ci-devant, et que nous avions découverts dans un grenier de la maison ci-devant occupée par le Chancelier de Brabant. L'Adminiſtration envoya à mon avis leur pétition, et après divers entretiens à ce sujet, il fut décidé que les religieux pourraient reprendre les livres imprimés; mais quant aux manuscrits, qu'ils devaient rester à la Bibliothèque publique. Cette mesure nous procura heureusement des manuscrits intéressans que la Bibliothèque conserve encore aujourd'hui.

A la fin du mois de Septembre de l'an 1795, nous transportâmes de la Maison commune au dépôt général, par ordre de l'Administration, la Bibliothèque des ci-devant États de Brabant, où il y avait quelques ouvrages intéressans.

Comme grand nombre des habitans de la ville de Bruxelles désiraient depuis long-temps qu'on établît une communication avec le Parc par la rue Isabelle, et qu'il fallait pour cela abattre le bâtiment de la Bibliothèque publique, dite de Bourgogne, qui d'ailleurs n'était ni assez spacieux ni convenable, l'Administration centrale et supérieure de la Belgique prit la résolution d'établir ladite Bibliothèque dans la maison ci-devant occupée par le Chancelier de Brabant, où le dépôt général se trouvait déjà ; à cet effet elle ordonna que pendant le mois de Novembre, où le transport devait se faire, elle ne serait pas ouverte au public : conformément à cette ordonnance on s'occupa sur-le-champ dudit transport ; et afin que le public pût en profiter au plutôt, nous nous empressâmes de disposer provisoirement une chambre convenable, qui fut ouverte le 22 Novembre 1795.

L'installation du Directoire exécutif en vertu de la Constitution de l'an 3, l'organisation des Administrations départementales et municipales, et la suppression des ordres religieux dans la Belgique, occasionnèrent de nouveau divers changemens dans la Bibliothèque publique de Bruxélles. D'abord on jetta les yeux sur les bâtimens de la ci-devant Cour, où les désordres de l'an 1794 et les dilapidations, qui s'en suivirent, n'avaient laissé que les quatre murs (1), pour y établir définitivement ladite Bibliothèque; cela devenait d'autant plus nécessaire que la masse des livres, qu'on avait déjà, et ceux en plus grand nombre encore qu'on attendait de la suppression des maisons religieuses en vertu de la Loi du 15 Frimaire an 4 ( 6 Décembre 1795 ), exigeaient un local très-spacieux.

Cette nouvelle mesure de l'Administration augmenta considérablement notre travail ; et ce travail devint d'autant plus pénible, que M.r Gérard, qui le partageait avec moi, ayant éprouvé de la répugnance, après quarante ans de services rendus aux Souverains de la Belgique, à faire le serment de haine à la royauté, se vit obligé de donner quelque temps après sa démission, alléguant pour prétexte ses infirmités ; de manière qu'après avoir fait transporter tout le dépôt des livres de la mai-

---

(1) Après les tapisseries et meubles qui s'y trouvaient, on vendit jusqu'aux cheminées de marbre, et même les portes des salles et une partie des fenêtres.

son, occupée ci-devant par le Chancelier de Brabrant, au local de la ci-devant Cour de Bruxelles, et après y avoir établi une salle pour l'usage du public, l'Administration me chargea de la direction générale de la Bibliothèque.

Depuis cette époque et pendant l'an 1796, l'Administration du Département informée des désordres commis par les individus de diverses agences dans les maisons des Belges absens, dont ils s'étaient pour ainsi dire emparés, m'ordonna de recueillir et faire transporter au dépôt général les débris des diverses Bibliothèques de ces maisons et de lui remettre un inventaire individuel et séparé de tous les livres ; pendant cette opération, il arrivait sans cesse au dépôt une grande quantité de livres de toute espèce provenant des couvens et des maisons religieuses supprimées du Département de la Dyle, de manière qu'en peu de temps la masse devint si considérable, que je me trouvai très-embarrassé, les salles destinées à les placer se trouvant absolument nues et sans aucune armoire ou boiserie quelconque.

Secondé cependant par le zèle et le bon esprit de l'Administration départementale, et employant des moyens dont le détail serait trop long à expliquer,

quer, je parvins enfin à préparer et garnir de boiseries tout l'emplacement qu'occupe aujourd'hui la Bibliothèque publique, et qu'on peut regarder comme un des plus beaux qu'il y ait dans la France.

En 1797, les bâtimens et dépendances de la ci-devant Cour de Bruxelles ayant été désignés pour servir à l'établissement de l'École centrale du Département de la Dyle, je fus nommé de nouveau par le Jury d'instruction à la place de Bibliothécaire près de ladite école : cette nomination fut confirmée par un Arrêté de l'Administration départementale en date du 19 Germinal an 5 (8 Avril 1797).

Empressé pour lors de rendre cet établissement aussi avantageux que possible aux progrès des sciences (1), je fis connaître aux membres de

---

(1) J'ai eu le bonheur de réussir dans mon entreprise, et malgré le peu de moyens je vins à bout, conformément à mes désirs, de former un établissement que les étrangers ont admiré et que des personnes de marque ont vu avec satisfaction : on y trouve réuni dans le même local un jardin botanique ; des serres chaudes bien construites ; une orangerie ; un cabinet d'histoire naturelle ; un cabinet de physique; une collection de tableaux, et une riche et nombreuse Bibliothèque : de manière que dans son ensemble cet établissement peut être compté parmi les premiers de l'Empire français pour l'avantage de l'instruction publique.

l'Administration départementale que la masse des livres, que nous avions au dépôt, provenant des maisons religieuses et autres corporations supprimées, était plus nombreuse qu'utile, et que pour parvenir à former un bon corps de Bibliothèque publique, il fallait faire transporter et réunir à celle de Bruxelles tous les bons ouvrages existans dans la Bibliothèque de l'ex-Université de Louvain, qui pourraient nous manquer. L'Administration ayant examiné cette proposition, la trouva très-convenable, et en conséquence elle porta un Arrêté en date du 22 Brumaire an 6 ( 12 Novembre 1797 ), par lequel je fus chargé de me rendre à Louvain, avec ordre de prendre dans la Bibliothèque de l'ex-Université tous les ouvrages que je jugerais utiles et convenables, et dont celle de l'École centrale de Bruxelles pourrait avoir besoin. En conséquence de cet Arrêté, je me rendis à Louvain, où, malgré la rigueur de la saison, je restai occupé pendant dix jours consécutifs à en faire le triage. Les livres, dont je fis l'inventaire en présence d'un Officier municipal, consistant en sept cent dix-huit articles, furent transportés par eau à Bruxelles et déposés dans la Bibliothèque publique près de l'École centrale.

Tant de circonstances réunies avaient augmenté

la Bibliothèque publique d'un grand nombre d'ouvrages intéressans ; déjà depuis quelques mois je m'étais occupé de l'arranger par classes et d'en faire un catalogue général, lorsqu'un autre événement heureux vint encore enrichir de nouveau notre collection.

Informé par diverses lettres reçues de Paris que le Ministre de l'Intérieur était très-disposé à favoriser notre établissement, en nous accordant la permission d'extraire du riche dépôt de livres, établi dans le local des ci-devant Cordeliers de Paris, les ouvrages qui pourraient manquer à notre collection, je m'adressai immédiatement à l'Administration centrale du Département pour lui communiquer les lettres que j'avais reçues à ce sujet de M.r Lambrechts, Ministre de la Justice, qui avait installé lui-même à Bruxelles l'École centrale, dans le temps qu'il exerçait les fonctions de Commissaire du Directoire exécutif, et qui s'intéressait beaucoup à l'accroissement d'une Bibliothèque, dont il avait été pour ainsi dire le restaurateur.

L'Administration, à qui je fis en même temps l'offre de faire le voyage à mes frais, sentit si bien l'importance de cet avis et les avantages qui en résulteraient pour la Bibliothèque publique près l'École centrale, que le jour même, c'était le 13 Vendémiaire an 7 (4 Octobre 1798), elle porta un Arrêté, par lequel je fus autorisé à me rendre de suite à Paris, où je m'occupai sans relâche à examiner en détail, pendant six semaines, le grand dépôt des Cordeliers, dans lequel, avec l'autorisation du Ministre de l'Intérieur, je fis le choix de plusieurs beaux ouvrages, qui furent transportés à Bruxelles et déposés dans la Bibliothèque publique.

A mon retour à Bruxelles, je fis part à l'Administration de mes démarches pendant mon séjour à Paris, et de l'heureux succès de mon travail. Les membres de cette Administration m'écrivirent une lettre très-flatteuse, où ils s'exprimaient ainsi: *Nous nous empressons de vous témoigner, au nom de nos administrés, la plus sincère reconnaissance.* C'était la seule récompense à laquelle j'aspirais.

Depuis cette époque, la Bibliothèque s'est accrue successivement d'une manière proportionnée au beau local qu'elle occupe, de sorte qu'à tous égards on peut la compter aujourd'hui parmi les plus belles et les plus riches Bibliothèques départementales de l'Empire français.

*FIN.*

# NOTES.

( A ) NOTICE *des principaux Poëtes Belges antérieurs à l'an 1500.*

L'ARTOIS, ainsi que les villes de Lille et de Douay, se trouvaient pour lors sous la domination des Comtes de Flandre : Cambray, Condé, Valenciennes, etc. faisaient également partie des dix-sept Provinces des Pays-Bas : il est donc clair que les Belges ont droit de réclamer tous les anciens littérateurs natifs de ces villes qui ont illustré la Poésie dans les XII.e, XIII.e et XIV.e siècles. Voici à ce sujet une petite notice que les lecteurs verront avec plaisir, des Poëtes Belges, qui ont fleuri avant l'an 1500.

§. I.er *Poëtes Belges qui ont écrit en français.*

1. SAUVAGE, D'ARRAS, vivait vers le milieu du XIII.e siècle ; il a composé diverses poésies amoureuses.

2. Jehan Moniot, d'Arras, a fait plusieurs pièces de poésie : on croit que le surnom de *Moniot* lui a été donné, parce qu'il était fort petit de taille et qu'il avait été moine ; ce poëte vivait vers l'an 1250, il paraît qu'il était très-constant et fidèle dans ses attachemens, si on peut en juger par les vers suivans de sa composition :

> Qui aime sans trécherie
> Ne pense n'a trois n'a deux
> D'une seule est desireux
> Cel que loyal amour lie
> Ne voudrait d'autre avoir mie.

3. Car Ansaux, d'Arras, est auteur de quelques chansons amoureuses ; il vivait vers l'an 1260.

4. Jean Bodel alias Bodiaux, natif d'Arras, a composé une pièce, intitulée *Le Jeu de S. Nicolas* ; un *à Dieu aux Bourgeois d'Arras*, ainsi qu'un Roman de la Bataille de Roncevaux, qui a été mis en vers Alexandrins par un anonyme. Cet auteur et Adam de la Hale, qui suit, sont du nombre des premiers qui ont composé des pièces dramatiques. Il vivait au commencement du XIII.e siècle.

5. ADAM DE LA HALE, dit LE BOSSU, né à Arras, est auteur d'une pièce en forme dramatique, intitulée *Le Mariage*, ou *le Jeu d'Adam le Bossu*. On lui attribue aussi une pièce, ayant pour titre : *Le Jeu du Berger et de la Bergère*, dans laquelle on lit cette chanson :

      Robins m'aime, Robins m'a
      Robins m'a demandé si m'aura
      Robins m'acata cotele
      D'escarlate bone et bele
      Souscanie et Cheinturele
      Robins m'aime, Robins m'a.

On trouve l'extrait de cet ouvrage dans les Fabliaux et Contes du XII.e et XIII.e siècles de M.r le Grand. Selon La Croix du Maine, le Bossu se fit moine en l'Abbaye de Vaucelles, au Diocèse de Cambray, l'an 1300, ou environ ; et Du Verdier y ajoute : " Il semble qu'ayant aimé les femmes ,, et se trouvant deçeu d'une, il se fit Clerc ,, ; car il dit :

*Seigneur savez pourquoi j'ay habit changié,*
*J'ai été avoec femme : Or revois Clergié.*

6. COURTOIS, D'ARRAS, qui florissait vers l'an 1300, est auteur d'un Fabliau, intitulé : *Foucher Boyvin*, écrit de la manière la plus grossière ; il se trouve imprimé dans les Fabliaux et Contes des XIII.e, XIV.e et XV.e siècles.

7. MARTIN LE FRANC, Secrétaire d'Amédée VIII, premier Duc de Savoye, et ensuite du Pape Nicolas V, dont nous avons le *Champion des Dames*, et un autre ouvrage, intitulé : *L'Estrif de fortune et de vertu*, vivait en l'an 1447. Il était natif d'Arras, selon l'opinion la plus commune : voici à ce sujet la note de M.r de la Monnoye à Du Verdier : " Comme cet auteur parle souvent d'Arras dans ,, son *Champion*, et qu'il dédia ce livre, de même ,, que son *Estrif de vertu et de fortune*, à Philippe-,, le-Bon, Duc de Bourgogne, Souverain des ,, Pays-Bas, je trouve moins de vraisemblance à ,, le croire d'*Aumale* avec Fauchet que d'*Arras* ,, avec Jean Le Maire ,,.

8. MAHIEUX ou MATHIEU, de Gand, qui vivait vers l'an 1260, a composé plusieurs chansons en dialogues.

9. PHILIPPE MOUSKE ou MEUSE, natif de Gand, Évêque de l'Église de Tournay, où il mourut en l'an 1282,

l'an 1282, est auteur d'une Histoire de France, écrite en vers.

10. JACQUEMARS GIELÉE, natif de la ville de Lille, en Flandre, a composé le *Roman du nouveau Renard*, satyre où il attaque les Rois, les Grands et les Magistrats, mais particulièrement les Ecclésiastiques et les Religieux ; son nom se trouve exprimé à la fin de son ouvrage, où il dit :

>Jamais n'en y ert Renars mis jus
>Se Diex nel fet qui maint la sus
>Ce nos dit Jaquemars Gielée.

Il l'acheva en l'an 1290 dans la ville de Lille, d'après les vers suivans, placés au bas d'une figure, représentant la roue de fortune, surmontée d'un Renard, etc.

>La figure est fin de no livre
>Veoir le poez a delivre
>Plus n'en feray o mention.
>En l'an de l'incarnation
>Mil et dos cens et quatrevings
>Et dix, fu ci faite la fins
>De ceste branche en une ville
>Qu'on appelle en Flandre l'isle
>Et parfaite le jour saint Denis.

11. Tresorier de Lille, poëte, a fleuri vers l'an 1260.

12. Jean Frumiaux de Lille, qui vivait vers le même temps, a composé diverses chansons et pièces détachées de poésie.

13. Richard de Lille, qui vivait vers l'an 1300, a écrit un Fabliau, intitulé : *De Honte et de Puterie.*

14. Roger de Cambray, qui vivait vers l'an 1250, a écrit plusieurs chansons d'amour.

15. Hue de Cambray, a écrit le Fabliau, intitulé : *La Male honte*, où il attaque l'usage qui existait en Angleterre, par lequel le Roi était en partie héritier de ceux qui mouraient sans enfans. Ce poëte vivait vers la fin du XIII.e siècle.

16. Roix de Cambray, dont le nom désigne le lieu de sa naissance, paraît avoir vécu vers l'an 1300; il est auteur d'une satyre contre les Ordres monastiques, qui commence ainsi :

  Se le Roix de Cambray verit
  Le Siègle si bon comme il fust.

Il a composé aussi un opuscule, intitulé : *A. B. C.*

NOTES. 115

17. JEAN DE LA FONTAINE, né à Valenciennes vers la fin du XIV.ᵉ siècle, est auteur d'un Traité en vers, intitulé : *La Fontaine des Amoureux de Science*, où il s'agit de l'Alchimie. Ce Traité se trouve imprimé à la suite de l'édition du Roman de la Rose, donné par Lenglet du Fresnoy.

18. JEHAN FROISSART, né à Valenciennes, vers l'an 1336, célèbre par ses Chroniques, qui renferment l'histoire de son temps, a composé plusieurs pièces de poésie, telles que Chants royaux, Ballades, Rondeaux et Pastorales : voici à ce sujet un passage remarquable, qu'on lit dans Pâquier, *Recherches de la France*, livre VII, chapitre V :
" Celui que je voy avoit grandement advancé
„ cette nouvelle Poësie ( les Chants royaux, Bal-
„ lades, etc. ) fut Jean Froissart............ car
„ autrefois ai-je vu en la Bibliothèque du grand
„ Roi François à Fontainebleau, un gros tome de
„ ses poësies, dont l'intitulation étoit telle : *Vous*
„ *devez savoir que dedans ce livre sont contenus*
„ *plusieurs dictiéz ou traitéz amoureux et de mo-*
„ *ralité, lesquels Sire Jean Froissard, Prestre et*
„ *Chanoine de Canay, et de la nation de la Comté*
„ *de Haynault et de la ville de Valentianes a fait*
„ *dicter et ordonner à l'aide de Dieu et d'Amours,*
„ *à la contemplation de plusieurs nobles et vail-*

P 2

,, lans, et les commença de faire sur l'an de Grace
,, 1362, et les cloist en l'an de Grace 1394. Le
,, Paradis d'Amour, le Temple d'honneur, un
,, traité où il loue le mois de May, la Fleur de la
,, Margueritte, plusieurs Laiz amoureux, Pasto-
,, rales, la Prison amoureuse, Chansons royales en
,, l'honneur de Notre-Dame, le Dicté de l'Espi-
,, nette amoureuse, Ballade, Virelaiz et Rondeaux,
,, le Plaidoyé de la Rose et de la Violette, etc. ,,

19. JEHAN DE CONDÉ, ainsi nommé du lieu de sa naissance, a composé un Fabliau, intitulé: *Des Chanoinesses et des Bernardines*, ainsi qu'une *Apologie des Menestriers*, qui renferme une violente satyre contre les Bénédictins. Il a vécu vers l'an 1300.

20. BAUDUIN DE CONDÉ, a composé une pièce intitulée : *Le Dit des Herauls ;* cette pièce est écrite en vers qu'il appelle rétrogrades, dont voici un exemple tiré de ladite pièce:

> Amours est vie glorieuse
> Tenir fait ordre gracieuse
> Maintenir veult courtoises mours
>
> Mours courtoises veult maintenir
> Gracieuse ordre fait tenir
> Glorieuse vie est amours.

21. Gaultier de Soignies, probablement natif de Soignies, petite ville du Hainaut, à trois lieues de Mons, qui vivait vers le milieu du XIII.e siècle, a écrit plusieurs chansons amoureuses. l'Abbé Maisieu en fait mention dans son *Histoire de la Poësie Française*, page 153.

22. Jean li Nivelois, si nous consultons l'usage du temps où les auteurs prenaient le nom du lieu de leur naissance, était probablement d'un bourg de Flandre, nommé *Nevele*, ou bien de la ville de *Nivelles*, en Brabant. Le mot flamand *grams*, employé dans ses vers pour dire *fâché* ou *marri*, me ferait croire qu'il était plutôt de *Nevele* en Flandre que de Nivelles en Brabant. Ce poëte, qui vivait vers l'an 1193, a écrit un Traité, intitulé: *De la Vengeance du Roi Alexandre*, en vers de douze et treize syllabes, qu'il allait réciter, à ce qu'il paraît par les vers suivans, chez les Seigneurs et les Grands, selon l'usage des Troubadours.

Seigneurs or faites pas un petit, vos taisiez,
S'orrez bons vers nouviaux, car li autres sont viez.
Jehans li Nivelois fut moult bien afaitiez
A son hostel se sied : si fu joyans et liez,
Un chanterre li dit d'Alexandre à ses piez.

23. Henri III, Duc de Brabant, placé par Fauchet parmi les poëtes français, a composé plusieurs dialogues et chansons d'amour.

24. Marie, fille d'Henri III, Duc de Brabant, qui précède, seconde femme de Philippe III, dit le Hardi, Roi de France, aima la poésie et fit des vers français conjointement avec Blanche, Dame de confiance, qui était venue avec elle de Brabant lors de son mariage avec Philippe-le-Hardi. (*Voyez* l'article suivant.)

25. Adenez, surnommé Le Roi, probablement parce qu'il était Héraut ou Roi-d'Armes, fut Menestrel d'Henri III, Duc de Brabant, qui lui fit apprendre la musique. On ignore le lieu de sa naissance, mais il paraît certain qu'Adenez était Brabançon. Il a composé divers ouvrages de poésie, comme on le voit au commencement de son Roman de Cléomadez, où il dit:

> Je qui fis d'Ogier le Danois
> Et de Bertain qui fut u bois
> Et de Buenon de Commarchis
> Ai un autre livre raemplis,
> Moult merveilleux et moult divers.

Dans ce Roman de Cléomadez, l'auteur avoue

NOTES. 119

qu'il doit à Marie de Brabant, Reine de France, et à une grande Dame nommée Blanche. (*Voyez* l'article précédent) ce qu'il y a de meilleur, comme ayant été dicté par elles-mêmes.

26. GUILLEBERT DE BERNEVILLE florissait vers l'an 1260 : on ignore le lieu de sa naissance, mais il était attaché à Henri III, Duc de Brabant, père de Marie, Reine de France. Par les chansons qu'il a composées, il paraît qu'il avait une maîtresse à Courtray, dont on ignore le nom, et une autre dans la ville d'Audenarde, appelée Béatrix.

27. WENCESLAS, Duc de Brabant, mort à Luxembourg en 1383, aima la poésie, et composa quelques Chansons, Ballades, Rondeaux et Virelets, qui se trouvent dans un ouvrage intitulé *Méliador*, fait à la demande de ce Duc par le célèbre historien Jean Froissart, dont nous avons parlé ci-dessus n.º 18.

28. GEORGES CHASTELAIN fut, selon la Croix du Maine, *un très-élégant poëte, historien et orateur français pour son temps*. Né à Gand, capitale du Comté de Flandre, en 1405, après avoir fait ses études, il voyagea dans les principaux pays de l'Europe ; raison pour laquelle il se nomme quel-

quefois Georges *l'Adventurier*. De retour dans sa patrie, il exerça les fonctions honorables de Pannetier et Conseiller privé de Philippe-le-Bon, Duc de Bourgogne. Charles-le-Hardi, surnommé le Téméraire, au Chapitre de la Toison-d'Or, que ce Duc tint à Valenciennes, le créa Chevalier avec le titre d'*Induciaire ou Historiographe* de la Maison de Bourgogne. Chastelain mourut le 22 Mars 1474, âgé de 70 ans, dans la ville de Valenciennes : son corps fut enterré dans l'Église de la Salle du Comté de cette ville, où on lisait l'épitaphe suivante :

" Cy dessoubs gist d'Excellente memoire George
" Chastelain, Chevalier, lequel après avoir circuy
" diverses régions et en icelles exercé les armes
" militaires en lage florissante, au pouvoir de ses
" sens, s'est rendu au service du très victorieux
" Philippe Duc de Bourgogne en estat de Panetier
" et Privé Conseil. et au reste de vieillard a prins
" sa glorieuse occupation à réduire les gestes (1)
" de ce feu tant triumphant Prince : par tel ordre
" et diligence que a la recitation de ses écrits
"                                        " fleuriront

---

(1) Il paraît d'après cette épitaphe, que Chastelain a écrit les *Gestes de Philippe-le-Bon*.

,, fleuriront en perpétuelle recordation es cœurs
,, des Nobles et clairs Engins vive et regne son
,, Esprit en eternelle felicité et au comte de LXX
,, ans deceda de ce siecle le XX de Mars MCDLXXIV.

,, Priez Dieu pour son ame. ,,

Godefroi de Tory dans son *Champ fleuri* ; Pierre Fabri dans le prologue *sur l'Art de pleine Rhétorique* ; Guillaume Cretin dans sa *Déploration sur le trépas d'Ockergan* ; Olivier de la Marche dans la préface du premier livre de ses *Mémoires* ; Jean Molinet dans le prologue de sa *Chronique MS.*te ; Jean le Maire des Belges dans la *Concorde des deux langages français et toscan*, parlent avec éloge de George Chastelain. Voici une note des principaux ouvrages qu'il a composés.

*Ouvrages imprimés.*

1.º Le Temple de la ruine d'aucuns Nobles malheureux, tant de France que d'autres nations, à l'imitation de Boccace. *Paris, Galiot du Pré*, 1517.

2.° L'Instruction d'un jeune Prince pour se gouverner devant le Dieu et le Monde, également imprimé.

> Ce traité, divisé en huit chapitres, se trouvait écrit sur vélin et orné de deux miniatures dans notre Bibliothèque, d'où il a été pris par les Commissaires d'instruction publique en 1794. Il avait fait partie de la Bibliothèque des Ducs de Bourgogne.

3.° L'Histoire du bon Chevalier Jacques de Lalaing, frère et compagnon de l'Ordre de la Toison-d'Or. *Bruxelles*, 1634, in-4.°; ouvrage peu commun et très-intéressant.

4.° Les Épitaphes d'Hector et d'Achilles, avec le Jugement d'Alexandre-le-Grand. *Paris*, 1525, in-4°.

> Cet ouvrage est écrit en vers. Notre Bibliothèque en possédait un exemplaire manuscrit sur vélin du temps de l'auteur, transporté à Paris en 1794 par les Commissaires d'instruction publique.

5.º Chroniques abrégées faites par Jorge l'Aventurier, ouvrage écrit en vers.

Il se trouvait un manuscrit sur papier, du XV.ᵉ siècle, de cet ouvrage dans la Bibliothèque de Bruxelles en 1794, d'où il a été transporté à Paris par les Commissaires d'instruction publique.

Ces chroniques, continuées par Molinet, ont été imprimées avec autres traités dudit Molinet, à Paris, chez Coustelier en 1723, in-8º. Il y a quelques variantes de peu de conséquence entre le manuscrit et l'imprimé, ce qu'il faut attribuer aux corrections que le continuateur a trouvé convenable d'y faire.

*Ouvrages non imprimés.*

1.º Éloge de Philippe-le-Bon, Duc de Bourgogne.

Le Père Chifflet possédait le manuscrit original de ce traité, et Pontus Heuterus en fait mention dans ses *Res Burgundicæ*, liv. 4º.

2.º Les principaux exploits en armes du Duc Charles de Bourgogne.

3.° Les Magnificences de Charles, Duc de Bourgogne.

> Jehan Molinet, dans ses Chroniques inédites, fait mention de ces deux traités de Chastelain.

4.° Le Lion bandé.

> Poëme adressé à Philippe-le-Bon, Duc de Bourgogne, qui finit ainsi :

La tu auras o toy noble meignie
Ton Rolin (1) sage et ton noble Croy (2)
Soub qui hault sens et vertu infinie
Ta gloire humaine a ete parfurnie
Ferme toujours tant qu'ils en ont jouy
Je requiers Dieu que je puisse estre ouy
Et doint la Grace a George o hault Lyon
D'estre à tes pieds humble tabellion.

5.° Une Épître en vers, adressée à Chastel Airin, Roi d'armes de Charles VII, Roi de France, qui finit ainsi :

Quel le Merchier telle la Mercherie
Chastel fameux, clair homme digne gorge
Prenez en gre le salut de George
Soy offrant tout à vostre seignourie.

---

(1) Chancelier du Duc de Bourgogne.
(2) Favori du Duc.

6.º Un Mystère, où la France se présente en forme de personnage au Roi Charles VII de ce nom, suivi du miroir des nobles hommes de France.

Cette grande pièce de poésie finit ainsi :

Dieu ne fist oncques deux Troyes ne deux Romes
Ne fera il deux Frances quant fallie
Sera la nostre ja assez affaiblie
Prenez en gre mon œuvre est accomplie
Cest ung miroer pour franchois nobles hommes.

7.º Œuvre faite par George Chastelain pour Messire Pierre de Bresse seigneur de la Varene que le Roy Loys fils de Charles VII avait fait mettre en prison.

Ouvrage en prose fait en forme de déclamation, il commence par ces mots :

Comme na gueres je feissé en merancolie durement pensif en ung mien amy que fortune avoit mene a dangier

8.º Les XXV Princes.

Pièce en vers, qui commence ainsi :

Prince flatteur menteur en ses parolles
Qui blandist gens et endort en frivolles

Et riens que dol et fraude nestudie
Ses jours seront de petite durée
Son regne obscur sa mort tost desirée
Et fera fin confuse et enlaidie.

9.° L'Épitaphe de Messire Jacques de Lalaing.

Pièce de seize quatrains, dont voici le dernier :

Cy gist celuy que toute humaine gorge
Doit extoller comme fin or sur orge
Sa gloire esbruire en pallaix ou en porge
Car meilleur fu que nul escrist de George.

10.° Lettres de Chastelain avec l'apparition de XII Dames : Description desdites XII Dames, en vers : Envoy des Dames à Robertet, aussi en vers.

Ces pièces ont été composées par Chastelain ensuite d'une épître qu'il avait reçue de Jean Robertet, Notaire et Secrétaire du Roi et de Monseigneur de Bourbon.

11.° Complaintes des neuf Pays de Philippe Duc de Bourgogne, en vers.

Ce morceau se trouve dans les Mémoires de Jehan de Haynin, Seigneur de Louvignies, contemporain de Chastelain, lesquels se conservent manuscrits dans la Bibliothèque de M.ʳ Gérard, qui a eu la bonté de me le communiquer.

Comme cette pièce est une des meilleures de cet auteur, et que d'ailleurs elle exprime les vrais sentimens des sujets du Duc Philippe de Bourgogne envers un Prince, qui par sa bonté avait su se faire aimer, j'ai cru la rapporter ici toute entière.

### BOURGOGNE.

Plórer me faut, je ne puis m'en tenir
Pour tant que j'ay le corps décapité
Plaisant solas, me soulait maintenir
Pensant tel estre a tousjors respité
Pareil de luy en Proesse et Pité
Per double fois (1) chroniquer le temoigne
Portant mon nom Philippe de Bourgoigne.

### BRABANT.

Hier florissoit la Fleur des fleurs du monde
Hector tres preux Ulixes en prudense

---

(1) Pair de France à titre de Bourgogne et de Flandre.

Huy (1) comme ung aultre est corps vil et immonde
Horreur le sient et n'a pas de credense
Ha, triste mort remplie d impudense
Hair te doy car tu as en robant
Honneur ostté au Pays de Brabant.

### FLANDRE.

Joïe rendoit son plaisant corps en vie
Jadis a tous en bien te régardant
Jalous des bons, non travaillé d'envie
Jonne tousjours de cœur au regardans
Ja ne verrés sodoier sont gardans
Joindre à leur gre pour leur font sans (2) espendre
J'ai mieux trouvé au bon Pasteur de Flandre.

### ARTOIS.

Longue jonesse eust mieux vallu, néantmains
Loe soit dieux qu'il nous a tant duré
Les yeuls au chiel joignons pour lui les mains
Luy plustose mort, on eust plus enduré
Lions souvent pour droit aventuré
Leaulte plus prisant que les haults tois
Le plus de tout doit sa mort plaindre Artois.

HAINAU.

---

(1) Aujourd'hui.
(2) Sang.

## HAINAU.

Intellectif discret et sage adroit
Juste en jugeant vray naturel Lyon
Impetueux alors non orendroit
Je dis a cheus ou fu rebellion
Jugé piteux fu amant million
Invaincu Chief fault a ses sodoiers
Ja recouvrable au corps des Haynuiers.

## HOLLANDE.

Pourquoy plores gent ainsi forsenée
Ployes vos pleurs car il n'est à ravoir
Puisqu'il est mort de maniere senée
Prions pour luy et nous ferons savoir
Prinche nouvel succede a rechevoir
Pais luy doint dieux, honneur et gloire grande
Plus n'en diray quoiqu'en die Hollande.

## ZELANDE.

Proesse et sens sont mis en riche lame
Plaindre leur fault : mes quoy il faut penser
Pompeux atour ne fait point riche l'ame
Pechie se doit de vertu compenser
Plaise toy donc du bon Duc d'y penser
Pere piteux et rechoyt ceste offrande
Peuple le fait qui le pleure en Zelande.

R.

### Namur.

Ung deul nouvel quelque chose on en die
Vient à mon ceur, en contemplant sa mort
Vertu y pert, discretion mendie
Voirre en son temps on sans plus sa mort
Vaillant pryerre a grant puissance amort
Vive es Chieux l'ame en ait par. . . .
Visse exclus au comté de Namur.

### Le Comté de Bourgogne.

Son bruyant bruit, dont luy vif abondoit
Sous terre gist ne reste mie que la fame
Ses faits sont fes il a fait come on doit
Sa mort l'amort qui toute riens affame
Soit l'ame en bruit come en terre on la fame
Sainte, et sain chies vive et sans vergogne
Suplie a Dieu le Comté de Bourgogne.

*N. B.* Dans cette pièce de poésie le vers de chaque stance commence par une même lettre, et toutes ensemble forment le nom de PHILIPPUS.

29. JEHAN LE MAIRE, surnommé des Belges du lieu de sa naissance *Belgium*, Bavay, petite ville du Hainaut, nâquit l'an 1473. On ignore l'époque de sa mort, mais on croit qu'il vivait encore

en 1520. Jean Molinet, qui était son parent, et Guillaume Cretin, Chanoine de la Sainte Chapelle du Palais-Royal de Paris, et Secrétaire du Roi Louis XII, le placèrent en qualité de Clerc des Finances au service de Pierre de Bourbon Sire de Beaujeu, beau-frère de Charles VIII, Roi de France. Il fut ensuite Secrétaire de Louis de Luxembourg, Comte de Ligny, après la mort duquel il fut attaché à Marguerite d'Autriche, Régente des Pays-Bas. Il voyagea en Italie depuis l'an 1506 jusqu'en 1508, et après son retour il publia son grand ouvrage des *Illustrations de la Gaule Belgique*, dans lequel il se qualifie de *Secrétaire judiciaire ou Historiographe de Madame Anne deux fois Royne de France*.

Jehan le Maire était non-seulement grand historien, mais selon la Croix du Maine : " Il a été de ,, son temps l'un des plus renommés pour l'art ,, oratoire *et pour écrire bien en vers français*. ,, Le célèbre Pasquier, dans ses *Recherches de la France*, Liv. VII, Chap. 5, en fait le plus grand éloge en ces termes : " Le premier qui à bonnes ,, enseignes donna vogue à notre Poësie fut Mais- ,, tre Jean le Maire des Belges, auquel nous sommes ,, infiniment redevables non-seulement pour son ,, livre de l'*Illustration des Gaules*, mais aussi

,, pour avoir grandement enrichi notre langue
,, d'une infinité de beaux traits, tant en prose que
,, poësie, dont les mieux escrivans de notre tems
,, se sont sceu quelquesfois bien aider. Car il est
,, certain que les plus riches traits de cette belle
,, Hymne que notre Ronsard fit sur la mort de la
,, Royne de Navarre sont tirés de lui, au juge-
,, ment que Pâris donna aux trois Déesses. ,,

Ce témoignage ne saurait être suspect, et il semble justifier ce que nous avons dit, que l'ancienne poésie française a été cultivée avec plus d'avantage dans les Provinces de la Belgique, que dans l'ancienne France.

Parmi les poésies de Jean le Maire, son *Triomphe de l'Amant Vert* a donné occasion à quelques écrivains, qui jugent souvent les autres par eux-mêmes, pour former des conjectures défavorables à la conduite irréprochable de Marguerite d'Autriche, Duchesse douairière de Savoye, Gouvernante des Pays-Bas. Ils ont supposé sous le nom de l'*Amant Vert* quelque secret amour de cette Princesse; tandis que tout le mystère se réduit à un Perroquet vert, dont Sigismond, Archiduc d'Autriche, avait fait présent à Marie de Bourgogne, après la mort de laquelle ce Perroquet resta au pouvoir de Maguerite d'Autriche sa fille, qui l'estimait beaucoup, et pour lequel elle fit cette épitaphe, qui se trouve dans le Recueil de ses Chansons, dont nous parlerons ci-après, art. 31.

> Sous ce tumbel qui est ung dur conclave
> Gist l'amant vert et le noble esclave
> Donc le franc cuer de vrai amour pur ivre
> Ne peult souffrir perdre sa Dame et vivre (1)
> Ne peult souffrir perdre sa Dame et vivre.

30. ROBERT GAGUIN, élu général de l'Ordre de la Trinité en l'an 1473, était natif de Calonne sur la Lys en Artois. Il passait pour le meilleur latiniste de son temps : tout le monde connaît ses Chroniques de France, dont la première édition de 1497, in-4.°, est très-rare; elles ont été traduites en français par Pierre Desray. Se trouvant en Angleterre en 1489, il composa un Poëme, intitulé : *La ruyne de bon repos ou le Passetemps d'oisiveté*, imprimé à Paris en 1545. Robert Gaguin mérita la confiance des Rois Charles VIII et Louis XII. Il mourut à Paris le 22 Mai 1501, son corps fut enterré en son Couvent des Mathurins.

---

(1) Ce Perroquet mourut pendant que la Duchesse Marguerite était allé voir son père l'Empereur Maximilien en Allemagne.

31. Nous terminerons la liste des anciens Poëtes Belges, qui ont écrit en français, par une Princesse, qui fut l'ornement de son siècle, qui gouverna la Belgique avec autant de sagesse que de prudence et qui protégea d'une manière particulière les Lettres, qu'elle cultiva elle-même avec succès. On reconnaîtra aisément à ces traits MARGUERITE D'AUTRICHE, fille unique de l'Empereur Maximilien et de Marie de Bourgogne. Née à Bruges le 10 Juin de l'an 1480, cette Princesse fut envoyée en France pour y être élevée avec les enfans de Louis XI, qui voulait la marier au Dauphin, qui monta depuis sur le trône sous le nom de Charles VIII; mais ce Prince ayant donné sa main, en 1491, à Anne de Bretagne, renvoya Marguerite en Flandre. En 1497, elle fut demandée par les Rois Catholiques Ferdinand et Isabelle pour son fils unique l'Infant Don Jean; après la mort duquel cette Princesse épousa, en 1508, Philibert-le-Beau, Duc de Savoye. Veuve trois ans après et n'ayant point d'enfant, elle se retira en Allemagne près de l'Empereur Maximilien son père. Elle fut chargée dans la suite du Gouvernement des Pays-Bas, où elle s'acquit l'estime publique, ayant préservé ces Provinces par sa sagesse, sa prudence et son zèle des troubles dont elles ont été malheureusement agitées depuis cette époque.

NOTES. 135

L'Empereur Charles-Quint voulant témoigner à sa Tante de la reconnaissance pour les services importans qu'elle lui avait rendus, lui donna la Souveraineté de la province et ville de Malines, où elle mourut en l'an 1530, au moment qu'elle se disposait à quitter le monde, et à passer le reste de ses jours dans le Couvent des Annonciades de la ville de Bruges, dont elle était la fondatrice.

Cette anecdote a été ignorée des historiens; mais elle est prouvée par deux pièces, qui se trouvent dans la Bibliothèque de M.r Gérard, qui les a fait copier et authentiquer sur les originaux mêmes, qui reposaient dans les Archives des Religieuses Annonciades de la ville de Bruges : ces pièces consistent, 1.º dans une Lettre de la Duchesse Maguerite, écrite à la Supérieure de ces Religieuses; 2.º dans un Mémoire fait par ladite Duchesse; le tout écrit et signé de sa main propre. Nous les rapporterons ici.

## LETTRE.

" A ma bonne Mere... . Ma Mere ma Mie
,, J'ai donné charge à ce porteur que bien connois-
,, sés aller vers vous et vous dire de mes nouvel-
,, les; et ma bonne disposition depuis aucuns

,, jours aussi de scavoir de la vostre que desire
,, estre telle que la vouldroie. pour moy j'espere
,, en se bon Dieu, et sa glorieuse Mere qui vous
,, ayderont et garderont pour mieulx : je lui ay
,, donne ung memoyre pour vous dire et au Pater
,, vostre bon Pere, qui est de ma main propre,
,, et conoitre par ycelluy mon intencion, je desire
,, que n'an soit fait gran bruit et pour bonne
,, cause et sur ce feray fin. Vous priant faire à
,, nostre bon Pere mes recommandations à ses
,, bonnes prieres et semblablement à toutes mes
,, bonnes filles priant le Créateur et sa benoiste
,, Mere vous donner sa Grace et à moi aussi. De
,, Malines. . . . . . . . *signé :* votre bonne fille
,, Marguerite. ,,

### MÉMOIRE.

,, " Mémoire à Estienne mon Valet de Chambre
,, de ce qu'il ara à dire au Pater et à la Mere
,, Ancille. Premier que je desire sur toute chose
,, mestre ma Religion en tel Estat que pour james
,, ils n'aient grant povreté, mes qui puissent vivre
,, sans mandier et desire scavoir se que se por-
,, teur leur demandera, auquel je fay se memoire
,, et premier scavoir s'il et besoin plus de rente et
,, jusques a quelle somme et que ne le praigne
,, trop

„ trop eschars. car à l'aide de Dieu je furniray à
„ tout.

„ Secondement les Reparations de tout le Cou-
„ vent et sy desirent faire aucune œuvre nouvel.
„ qu'il leur soit propice et a comodité du dit
„ Couvent que luy soit dit et je furniray à tout
„ et toute aultre chose que desireront il le me
„ face scavoir car *je suis deliberé y faire une*
„ *bonne fin* à l'aide de Dieu et de nostre bonne
„ Mestresse sa glorieuse Mere.

„ Outre plus dira à la Mere Ancille ma bonne
„ Mere, que je lui prie qu'elle face prier toutes
„ mes bonnes filles à l'intention que je lui ay
„ tousjours dit car le temps aproche *puisque*
„ *l'ampereur vient a qui à l'aide de Dieu*, rende-
„ ray bon comte de la charge et gouvernement que
„ luy a pleu me donner et ce fait je me renderay
„ *à la volonté de Dieu. et de nostre bonne Mes-*
„ *tresse*, vous priant ma bonne Mere ma Mie
„ que je soye oubliée. aux vostre et de vous
„ demouray tousjours. — Était signé : Votre bonne
„ fille Marguerite. „

On ne peut attribuer la résolution, que cette
Duchesse avait prise de se retirer du monde au

milieu d'une cour, où régnaient les plaisirs, qu'à un fond de mélancolie, qui lui était resté ensuite des malheurs et des désagrémens, qu'elle avait essuyés dans sa jeunesse. La plupart de ses chansons nous font voir, qu'au milieu de ses plaisirs elle se rappellait ses peines.

Marguerite d'Autriche peut être regardée comme la Restauratrice des Lettres dans la Belgique : simple Régente de quelques Provinces, elle fit plus par son zèle et par son amour pour les progrès des arts, que de grands Monarques malgré l'étendue de leurs moyens. Parmi les savans distingués, qui s'attachèrent à cette Princesse, on compte le célèbre Erasme de Rotterdam, Corneille Agrippa, Jean le Maire des Belges, Jean Molinet, Rémacle de Florennes, poëte latin, à qui elle procura la place de Secrétaire de l'Empereur, etc. etc. Ils en furent reconnaissans, et Corneille Agrippa prononça son Oraison funèbre. Ce fut encore sous son gouvernement heureux qu'on vit paraître dans la Belgique ces célèbres musiciens, qui se répandirent par-tout dans la suite et furent les Restaurateurs de la musique en Europe. *Voyez ci-après la note* (*C*).

En protégeant les Arts et les Sciences, cette

Princesse cultivait elle-même les Lettres, et particulièrement la poésie française qu'elle aimait avec passion : " Marguerite d'Autriche, *dit l'Abbé
„ Massieu, Hist. de la Poés. franç.*, aimait pas-
„ sionnément la Poésie française et elle n'omit
„ rien pour lui donner cours dans le Pays-Bas,
„ dont elle était Gouvernante (1); non-seulement
„ elle honoroit d'une bienveillance particulière
„ ceux qui faisoient des vers françois et elle en
„ faisoit elle-même très-bien. . . . . . . . . . . .
„ elle écrivoit très-bien en prose et en vers comme
„ il paroît par plusieurs ouvrages qu'elle composa
„ et dont le plus considérable est l'*Histoire de
„ ses Malheurs*. Elle se faisoit un plaisir d'animer
„ les poëtes par ses libéralités et Jean Molinet
„ et Jean le Maire, qui tous deux vivoient sous
„ son gouvernement et étoient du Comté d'Hai-
„ nau (2), eurent beaucoup de part à ses bien-
„ faits. „

La poésie lui était effectivement agréable; elle

---

(1) La Poésie française avait été cultivée avec succès dans la Belgique bien avant le temps de Marguerite d'Autriche.

(2) Jean Molinet n'était pas du Hainaut. Il est né à Desurennes en Picardie, sur les confins de l'Artois.

composait souvent de rimes avec une facilité étonnante; tout le monde connaît l'Épitaphe badine, qu'elle fit au milieu d'une tempête affreuse, qu'elle essuya dans son passage en Espagne pour aller épouser l'Infant Don Jean.

Cy-gist Margot, la gente demoiselle
Qu'eust deux Maris et si mourut pucelle.

Ces vers, qui nous donnent une idée de la grande fermeté de son ame, font allusion à ce que dans son enfance, elle avait été fiancée au Dauphin, depuis Charles VIII, Roi de France.

Nous avions dans notre Bibliothèque de Bourgogne trois volumes de chansons, notées en musique, qui ont été enlevés par les Commissaires d'Instruction publique en 1794, dont l'un, écrit sur vélin, avait dans toutes ses marges des fleurs nommées *Marguerites*, peintes en couleur, avec le portrait à genoux de cette Princesse au commencement du volume.

Ces manuscrits étaient connus sous le nom de *Livres de Chansons de Marguerite d'Autriche.* Effectivement, quoiqu'il soit vrai de dire que la plupart des chansons contenues dans ces manuscrits ne peuvent pas être de sa composition, il y en a cependant plusieurs qui lui appartiennent, particulièrement celles qui ont du rapport à ses infortunes, parmi lesquelles on lit une inscription latine en forme d'épitaphe qu'elle fit à l'occasion de la mort de son frère Philippe, que voici:

ECCE ITERUM NOVUS DOLOR ACCIDIT

NEC SATIS ERAT INFORTUNATISSIMAE CAESARIS FILIAE

CONIUGEM AMISSISE DILECTISSIMUM

NISI ETIAM FRATREM UNICUM

MORS ACERBA SURRIPERET

DOLEO SUPER TE FRATER MI PHILIPPE

REX OPTIME

NEC EST QUI ME CONSOLETUR

O VOS OMNES QUI TRANSITIS PER VIAM

ATENDITE ET VIDETE SI EST DOLOR SICUT DOLOR MEUS.

Nous rapporterons ici entre autres quelques-unes de ces chansons composées par cette Princesse, qu'on a tirées des manuscrits susmentionnés.

O devots cueurs amans d'amours fervente
Consideres se j'ay este dolente
Que c'est raison. Je suis la seule Mere
Qui ai perdu son seul fils et son Pere (1)
Et son amy par amour excellente.

Ce n'est pas jeu d'estre si fortunée
Qu' eslongner fault ce que l'on ayme bien
Fortune que tu a faict ? n'est tu pas enragée
D'avoir ainsi deffaict m'amour et ma pensée
Ha! malheureuse mort
Tu as de moi grant tort (2).

Me faut il toujours ainsi languir
Me fauldrat il enfin ainsi morir
Nul n'ara il de mon mal cognoissance
Trop a duré car c'est des mon enfance.

(1) Marguerite paraît rappeler ici la perte de son époux l'Infant Don Jean ; celle du fils unique qu'elle avait eu de lui, et la mort de son frère Philippe-le-Beau.

(2) Peut-être est-il question dans cette chanson de la mort de Philibert de Savoye, son second mari.

Je prie à Dieu qu'il me doint attemprance
Mestier en ai : je le prens sur ma foy
Car mon seul bien est souvent pres de Moy
Mais pour les Gens fault faire contenance

Parquoy conclus seulette et a par moy
Qu'il me fauldra user de pacience
Las! c'est pour moy trop grande penitence
Certes ouy et plus quant ne le voy.

---

Dueil et ennuy, soussy, regret et peine
Ont eslongné ma plaisante mondaine
Dont a par moy je me plains et tourmente
Et en espoir n'ay plus un brin d'attente
Veez là comment fortune me pourmaine.

Je n'ay pensée que joye me ramaine
Ma fantasie est de desplaisirs plaine
Car devant moy a toute heure se présente
  Dueil et Ennuy.

Cest langheur vault pis que mort soudaine
Pour qu'il n'y a Sang, Cher, Ots, Nerf ne Vaine
Qui rudement et tres fort ne s'en sente
Pour abregier sans que ça rien je vous mente
J'ai sans cesser qui ma vie a fin maine
  Dueil et Ennuy.

Il est bien heureux qui est quitte
De grief de fortune contraire
Mais hélas! je ne puis m'en deffaire
Il fault qu'en regrets me delitte.

Ce n'est pas jeu d'estre si fortunée
  D'estre si fortunée
Qu'eslongner fault de ce que l'on aime bien
Et se suis sceure que pas de luy ne vient
Mais me procede de ma grant destinée.

Dites vous donc que je suis esgarée
Quant je me vois séparée de mon bien
Ce n'est pas jeu d'estre si fortunée
  D'estre si fortunée.
Qu'eslongner fault de ce que l'on aime bien.

J'ai le rebours de toute ma pensée
Et sy n'ayme qui me conforte en rien
De tout cecy je le porteray bien
Mais que de luy je ne soye oubliée.
  Ce n'est pas jeu, etc.

Plusieurs

# NOTES.

Plusieurs Regrets qui sur la terre sont
Et les douleurs que hommes et femmes ont
N'est que plaisir envers ceulx que je porte
Me tourmentant de sa piteuse sorte
Que mes esprits ne scavent plus qu'ils sont.

---

Cueurs desolez par toutes Nations
Deul enssemblez et Lamentations
Plus ne querez, l'armonieuse Lyre
Lyesse, Esbas et consolations
Laissez aller, prenez pleurs et passions
Et m'aydez tous à croistre mon martyre.
    Cueurs desolez.

De Orpheus pour vostre joye eslire
Ains vous plongez en desolations
Venez à moy par mille legions
Enfondez moy douleurs par millions
Le noble et bon dont on ne peult mal dire
Le soutenant de tous sans contredire
Est mort helas! quels maledictions.
    Cueurs desolez.
           T.

§. II. *Poëtes Belges qui ont écrit en flamand.*

1. Jean premier de ce nom, Duc de Brabant, mort en l'an 1294, a composé plusieurs chansons en langue flamande : on en trouve d'imprimées dans l'ouvrage intitulé : *Sammlung des Minnsingern* ( Recueil de Chansons amoureuses ). *Zurich*, 1758 et 1759, 2 vol. in-4°.

2. Nicolas van Brechten, né à Harlem, en Hollande, vers le milieu du XIII.<sup>e</sup> siècle, a traduit du français en vers flamands les *Faits de Guillaume d'Orange*, l'un des Généraux de Charlemagne.

3. Jacques van Maerlant, mort, en l'an 1300, à Damme, petite ville de la Flandre, a écrit plusieurs ouvrages en vers flamands, dont le principal est intitulé : *Rym-bybel*.

4. Guillaume Utenhove, né à Aerdenbourg, en Flandre, a traduit du français en vers flamands un ouvrage intitulé : *Le Bestiaire*. Il vivait vers la fin du XIII.<sup>e</sup> siècle.

5. Melis Stoke, Hollandais, fut employé dans la Secrétairerie de Guillaume III, Comte de

Hollande. Il composa en vers flamands une Chronique qui a été imprimée plusieurs fois. Cet Auteur s'y occupait déjà avant l'an 1283.

6. JEAN VAN HELU, connu aussi sous le nom de *Van Leeuwe* (de Léau), parce qu'il demeurait dans un Couvent de la petite ville de Léau, en Brabant, a écrit en vers flamands un ouvrage intitulé : *La Bataille de Wourom* ou *Woeringhen*. Il vivait au commencement du XIV.e siècle.

7. LOUIS VAN VELTHEM, Prêtre du village de Velthem, en Brabant, a écrit l'ouvrage intitulée : *Spiegel historiael* ( Miroir historial ), et a traduit en vers flamands plusieurs Traités.

8. NICOLAS DE KLERCK, mort vers l'an 1315, a écrit en vers flamands une Chronique intitulé : *Brabantsche gesten* ( les Faits ou Gestes des Brabançons.)

9. JEAN DE WEERT, né à Ipres, a écrit en vers flamands, vers la fin du XIV.e ou au commencement du XV.e siècle, un ouvrage intitulé : *Die Nieuwe Doctrinael, of Spiegel van Sonden* ( le Nouveau Doctrinal ou Miroir des Péchés ).

10. Thierry d'Assenede, probablement né à Assenede, petite ville de la Flandre, a traduit du français en vers flamands le Roman de Floris et Blanchefleur.

11. Henri d'Hollande a fait en vers flamands un ouvrage intitulé : *De Kragt der Maane* ( la Force de la Lune). On ignore le lieu de sa naissance; il florissait dans le XIV.e siècle.

12. Henri Bal, né dans la ville de Malines au commencement du XV.e siècle, est l'auteur de divers Mystères, écrits en vers flamands, qu'il allait représenter avec ses associés dans les différentes villes de la Belgique. Il en fit représenter trois dans la petite ville de Lierre, en Brabant, à l'occasion de la Fête de l'Arc, nommée *Land-Juweel* (Joyau du Pays), qui y fut célébrée en l'an 1466.

13. Antoine de Roovere, né à Bruges vers l'an 1420, composa trois Mystères, ou Jeux de Moralité, qui furent représentés dans la ville de Lierre, en 1466, à l'occasion de la Fête de l'Arc, dont nous avons parlé dans l'article précédent.

Il a écrit aussi une Chronique de Flandre, intitulée : *Die excellente Chronycke van Vlaenderen*, imprimée à Anvers en 1531, laquelle finit au règne de Marie de Bourgogne. On trouve dans cette Chronique plusieurs pièces de vers de sa composition : l'Auteur s'y nomme Antoine de Roovere, *le Noble Rhétoricien et Musicien*.

14. ADAM VILT a traduit en vers flamands le Traité de Boëce : *De Consolatione Philosophiæ* ; cette traduction faite à Bruges en 1462 — 1466, fut imprimée à Gand, sans nom d'auteur, en 1485, in-fol. On croit que Vilt était de Bruges, où il fit cette version.

15. GERARD ROELANTS, Chanoine de l'Église Collégiale de Louvain, mort en 1491, a écrit plusieurs pièces de poésie en flamand.

16. LAMBERT GOETMAN fit un ouvrage écrit en vers flamands, intitulé : *Spiegel der Jonghen* (Miroir des Garçons), qu'il acheva en l'an 1488.

17. MEINARD, natif de Franeker, a écrit en vers flamands, vers la fin du XV.e siècle, un ouvrage intitulé : *De Groeningsche Passie*.

18. THIERRY VAN MUNSTER, Auteur du XV.e

siècle, a fait un ouvrage en vers flamands, intitulé : *Der Kersten Spiegel* ( le Miroir du Chrétien ).

Indépendamment des Auteurs susmentionnés, nous avons plusieurs ouvrages anonymes, composés ou traduits en vers flamands, pendant les XIII.e, XIV.e et XV.e siècles, dont voici la liste.

1. Un Roman intitulé : *Van Limbourg*.

2. Le Roman de *Ferguut*.

3. Le Roman intitulé : *Walewein*.

4. *Ystorien Blomme* ( Fleur de l'Histoire ).

5. *Bediedenis der Misse* (Explication de la Messe).

6. *Die Dietsche Doctrinael* ( le Doctrinal flamand), composé à Anvers en 1345, et imprimé à Delft, en Hollande, en 1489.

7. Le Roman intitulé : *Karel en Elegart*, imprimé sans nom d'Auteur vers l'an 1478.

8. Le Roman intitulé : *Zeghelin van Jerusalem*, imprimé à Anvers en l'an 1517, in-fol. L'Auteur s'y trouve désigné à la fin sous le nom de Loylate, sur lequel je n'ai pu trouver aucun renseignement.

9. *De geestelycke Kintscheyt Jesu gemoraliseert.* (l'Enfance spirituelle de Jésus moralisée), imprimé à Anvers par Gérard Leeuw en 1488, in-12.

10. *Van de Jacht der minnen tusschen die devote Ziele en dat diercke Jesus*, imprimé également à Anvers par le même Leeuw en 1488.

11. *Destructie der Stadt van Troyes* (Destruction de la Ville de Troyes), imprimé à Anvers en 1541, chez Vorstermans.

(B) *Notice historique des anciennes Institutions littéraires de la Belgique, connues sous le nom de* Chambres de Rhétorique.

Toutes les recherches faites jusqu'à présent pour découvrir l'origine de ces anciennes Institutions littéraires de la Belgique, connues sous le nom de *Chambres de Rhétorique*, ont été infructueuses : les troubles et les guerres civiles, qui ont si souvent désolé les Provinces des Pays-Bas, nous ont enlevé tous les documens, toutes les pièces, d'où on eût pu tirer des renseignemens certains sur cet objet.

Les Chambres de Rhétorique de Gand et d'Ipres sont les plus anciennes de la Flandre : sans pouvoir fixer l'époque de leur érection, ces Chambres se sont toujours disputé le rang d'ancienneté ; c'est à ce titre qu'elles se sont attribué exclusivement le droit d'ériger, d'approuver et confirmer les Chambres de Rhétorique dans les différentes villes et bourgs de la Flandre ; droit dont elles ont joui jusqu'à l'époque où les Souverains Comtes de Flandre se le sont réservé de pleine autorité.

La Chambre de Rhétorique, nommée *Christusooghe* ( Œil de Christ ), établie à Diest, petite et
ancienne

ancienne ville de Brabant, a été établie, selon la tradition, en l'an 1302.

Il y avait, dans le courant du XVI.ᵉ siècle, des Chambres de Rhétorique dans presque toutes les villes et bourgs de la Flandre et du Brabant; il y avait même dans les villes principales plusieurs de ces Chambres : Louvain en avait six; Bruxelles cinq; Anvers trois; Lierre, Malines et Diest chacune deux; Gand trois, et Ipres trois.

Ces Chambres proposaient à certaines époques des questions, et les seules Chambres reconnues et admises pouvaient concourir à ces questions, en y répondant par un mystère ou jeu de moralité, écrit en vers; celle qui remportait le prix, nommé *Lant-Juweel* ( Joyau du Pays ), proposait à son tour une autre question.

Les Fêtes qui accompagnaient la distribution des prix, étaient très-suivies; mais afin de les rendre plus brillantes et plus magnifiques, outre le prix de la question, on donnait des prix aux Chambres de Rhétorique qui feraient leur entrée avec plus d'éclat et de magnificence, qui viendraient de la ville la plus éloignée, qui feraient la plus belle illumination, le plus beau feu de joie, ou qui représenteraient la meilleure farce, moralité, ou mystère, etc. etc.

Ces encouragemens portèrent nos Fêtes au plus haut degré de splendeur et de magnificence, au point qu'on n'a pas dédaigné de les comparer aux fameux Jeux Olympiques de l'ancienne Grèce, dont la célébrité attirait de toutes parts une foule de curieux étrangers.

Au reste, je crois que pour donner à mes Lecteurs une idée de l'éclat de ces Fêtes, je ne pourrai mieux faire que de transcrire ici fidèlement ce qu'un auteur contemporain (1) et témoin oculaire nous dit sur une fête de ce genre, qui eut lieu à Anvers en l'an 1561 : " La Chambre des Violiers
„ d'Anvers, comme ayant emporté le principal
„ pris à Gand, envoya semblable Carte aux villes
„ circonvoysins en l'an 1562 (2). Pour y compa-
„ roistre le premier d'Aougst, et y apporter leur

---

(1) Emmanuel de Meteren, Histoire des Pays-Bas, depuis 1315 jusqu'à l'an 1612, traduite du flamand, et imprimée à la Haye, 1618, in-fol., page 28.

(2) Il y a erreur de date : ce fut le 3 Août 1561 que cette Fête eut lieu.

,, solution sur ceste demande : *Que c'est qui in-
,, cite l'homme le plus aux arts et sciences.* Il n'y
,, avoit pas seulement des pris pour ceux qui
,, donneroyent la meuilleure solution, mais aussi
,, pour ceux qui feroyent leur entrée, avec le plus
,, de triomphe, de magnificence, et avec le plus
,, de gens et qui pourroyent le mieux représenter
,, et faire entendre par figure, ou autrement,
,, *comment on pourra s'assembler en amitié et dé-*
,, *partir amiablement.* En quatriesme lieu, pour
,, celuy qui représenteroit le plus artistement sa
,, devisé. En cincquiesme lieu, pour celuy qui
,, feroit la plus belle et solemnele entrée en l'Église.
,, En sixsiesme lieu, pour celuy qui feroit le plus
,, beau feu de joye, soit sur l'eau en des batteaux,
,, soit sur terre, à brusler des tonneaux de poix,
,, à faire des fusées, à allumer des torches, des
,, lanternes, paelles à feu, etc. En septiesme lieu,
,, pour celuy qui joueroit le mieux sa comédie.
,, En huictiesme lieu, pour celuy qui au prolo-
,, gue de son jeu pourroit le mieux dire, *Combien*
,, *les Marchands qui se comportent justement,*
,, *sont profitables aux hommes.* Et finalement pour
,, celuy qui pourroit le plus innocemment, ou
,, gaillardement faire le fol, sans injure ou des-
,, honnesteté. En quoy l'on proposa des choses
,, merveilleusement subtiles, profondes et doctes,

„ pleines de sens en de science, et plusieurs au-
„ tres tels pris.

„ Sur cest envoy comparurent en Anvers le
„ troisiesme d'Aoust quatorze Chambres de Rhé-
„ toriciens, lesquelles vindrent de diverses villes
„ et Seigneuries en Brabant. La Chambre de la
„ Guirlande de Marie de Brusselles, emporta le
„ plus grand pris, pour avoir faict la plus belle
„ entrée (1). Car ils firent leur entrée estants

(1) Il y a une description détaillée, écrite en flamand, de l'entrée de cette Chambre de Rhétorique, appelée *Maria-Crans*, ou Guirlande de Marie, qui fut imprimée à Bruxelles en 1561, in-fol.
D'après cette description, qui est aussi rare que curieuse, la Marche eut lieu comme il suit : des Trompettes portant la livrée de la Ville de Bruxelles ; suivaient deux Hérauts-d'Armes ; les Membres de la Chambre à pieds, deux à deux ; six hommes à cheval, parmi lesquels était l'Orateur de la Chambre ; sept grands chars, suivis de sept autres plus petits, conduisant des personnages allégoriques richement habillées, représentant les Dieux de l'antiquité ; les Provinces Belgiques, etc. etc. ; les Membres des cinq Sermens de Bruxelles à cheval, deux à deux, précédés d'un grand nombre de musiciens ; plusieurs Habitans de Bruxelles, Nobles, Ecuyers, Avocats, Procureurs et Bourgeois ; Mr. Bernard-Charles, Prince de la Chambre de Rhétorique, suivi d'un grand nombre de laquais et de fifres ; le tout se terminoit par plusieurs chariots couverts de drap aux couleurs de la Ville de Bruxelles. Le nombre d'hommes à cheval et la richesse de leur habillement, s'y trouvent également décrits.

,, bien trois cens et quarante hommes à cheval,
,, tous habillés en velour et en soye rouge cra-
,, moysie, avec des longues casacques, à la Po-
,, lonnoyse, bordées de passement d'argent avec
,, des chapeaux rouges, faicts à la façon des heau-
,, mes antiques, leurs pourpoints, plumages et
,, bottines estoyent blanches : ils avoyent des
,, ceintures de tocque d'argent, fort curieusement
,, tissues de quatre couleurs, jaulne, rouge, bleu
,, et blanc, ils avoyent sept chariots faicts à l'an-
,, tique, qui estoyent fort gentiment équippés,
,, avec divers personnages, qui estoyent portés
,, esdits chariots. Ils avoyent encores septante et
,, huict chariots communs, avec des torches,
,, esdits chariots estoyent couverts de drap rouge
,, bordé de blanc : tous les chartiers avoyent des
,, manteaux rouges, et sur ces chariots il y avoit
,, divers personnages, représentans plusieurs bel-
,, les figures antiques, qui donnoyent à entendre,
,, *Comment on s'assemblera par amitié, pour dé-*
,, *partir amiablement.* De Malines vint la Chambre
,, appellée la Pione, ils firent leur entrée avec
,, trois cens et vingt hommes à cheval, habillés
,, de robes de fine estamine incarnate, bordées de
,, passement d'or, avec des chapeaux rouges : les
,, pourpoints, les chausses, et les plumages es-
,, toyent de couleur jaulne, les cordons d'or, et

,, les bottines noires. Ceuxcy avoyent sept cha-
,, riots de plaisance, faicts à l'antique, et fort bien
,, enrichis et ornés de personnages. Ils avoyent
,, encores seize autres beaux chariots quarrés par
,, enhaut et couverts de drap rouge, chasque cha-
,, riot ayant huict beaux blasons, et deux de la
,, Confrairie assis dedans avec des torches, et
,, derriere il y avoit deux paelles à feu. En telle
,, maniere vindrent aussi les autres Chambres,
,, mais non en telle magnificence, et avec tant de
,, gens, où l'on employa quelques jours à faire
,, des feux de joye, à jouer des comédies, des
,, farces, et faire des choses pour rire, et en des
,, bancquets, jusques à ce que les pris fussent dé-
,, partis. Ceux de Brusselles, comme nous avons
,, dit eurent le plus grand pris de l'entrée et de la
,, solution qu'ils apportèrent sur la demande sus-
,, dite. La Chambre de Louvain nommée la Rose,
,, avec leur solution et responce, disants que ce
,, qui incitoit le plus les hommes à l'art et science,
,, estoit l'honneur, la gloire, et la louange. Il y
,, eut plusieurs autres semblables jeus qui furent
,, joués durant la paix és autres villes. ,,

Les opinions religieuses de Luther et de Calvin s'étant répandues dans les Provinces des Pays-Bas vers le milieu du XVI.e siècle, y trouvèrent des par-

NOTES. 159

tisans parmi les membres de quelques-unes de nos Chambres de Rhétorique; car celle de Gand, nommée les Fontainistes, ayant proposé, en 1539, la question : *Quelle pouvait être la plus grande consolation de l'homme mourant ?* Plusieurs Chambres de différentes villes s'empressèrent d'y concourir, mais il faut croire qu'elles ne répondirent pas toutes à cette question d'une manière bien ortodoxe; puisque le volume, où les pièces du concours se trouvent imprimées, fut dans la suite défendu, et mis dans le fameux Index, publié par les ordres du Duc d'Albe en l'an 1571.

La sévérité du Gouvernement espagnol dans tout ce qui était relatif aux opinions religieuses, et les troubles intérieurs, qui s'ensuivirent et qui firent naître une guerre civile aussi longue que désastreuse, occasionnèrent probablement la décadence de toutes nos Chambres de Rhétorique, dont on n'entendit plus parler jusqu'en 1620, que celle de la ville de Malines, nommée le Pion, proposa une question, à laquelle concoururent plusieurs Chambres; mais on n'y vit pas cette grande pompe et cette magnificence qui avaient illustré les Fêtes précédentes du XVI.e siècle.

La décadence fut plus sensible depuis cette époque, particulièrement dans le Brabant; il y avait cependant dans la ville de Bruxelles, après le milieu du XVIII.ᵉ siècle, des corporations composées d'ouvriers et du commun du peuple, qui représentaient, de temps en temps, sur le Théâtre de la ville, le Mystère de la Passion, une Tragédie, ou Comédie composée en flamand ; mais ce n'était plus que l'ombre de ces antiques institutions, jadis si florissantes. La Chambre principale de Rhétorique de cette ville, connue sous le nom de *Maria Crans* ( Guirlande de Marie ), s'était déjà transformée en Confrairie dans l'Église paroissiale de Saint-Géry, où, en 1794, elle exerçait encore la charge honorable d'accompagner les processions en grande cérémonie. Comme les membres de cette Confrairie, dont le nombre était fixé, jouissaient de quelques exemptions, qui tiraient leur origine de l'ancienne institution de la Chambre de Rhétorique, plusieurs bons bourgeois cherchaient à s'y faire admettre : pour y parvenir, on s'adressait au Magistrat de la ville de Bruxelles ; la requête devait être écrite en vers flamands, pour prouver que le pétitionnaire était versé dans la poésie, et le Magistrat donnait, aussi en vers flamands, son apostille à cette requête.

*Tantum ævi longinqua valet mutare vetustas!*

En Flandre, les Chambres de Rhétorique de diverses communes ont conservé, du moins en partie, leur constitution primitive jusqu'à la fin du XVIII.ᵉ siècle, en proposant des prix à la Chambre qui y viendrait représenter la meilleure Tragédie ou Comédie en vers flamands; celle de Poperingen entre autres donna, en 1782, un prix de cette nature, pour lequel se présentèrent en concours les Chambres de Rhétorique des villes de Courtray, de Menin et de seize autres bourgs et villages de la Flandre.

Voici au surplus une Notice aussi curieuse qu'intéressante, que M.ʳ Gérard a eu la bonté de me communiquer, de toutes les Chambres de Rhétorique, qui ont existé dans les Provinces des Pays-Bas; on a suivi dans cette Notice l'Ordre Alphabétique des lieux.

## A.

AERSCHOT. Cette petite ville de Brabant a eu autrefois deux Chambres de Rhétorique, dont l'une avait pour devise; *Fomentum amoris*, et l'autre nommée la FLEUR DU FROMENT, *Door Jonst en Min*; celle-ci concourut pour le prix proposé par la Chambre de Rhétorique de Malines en 1620.

ALOST, jolie ville de la Flandre, sur la grande route de Bruxelles à Gand; il y avait deux Chambres de Rhétorique, dont l'une avait pour Patronne Sainte Barbe, et l'autre Sainte Catherine : elles existaient déjà vers le milieu du XV.ᵉ siècle. Nous trouvons qu'une de ces Chambres de Rhétorique concourut pour le prix proposé en 1496 à Anvers, et en 1545 à Grammont en Flandre.

AMSTERDAM. Cette ville a eu aussi deux Chambres de Rhétorique, dont l'une se nommait DE ENGELTIAREN et l'autre HET WIT LAVENDEL ; la première se rendit aux Fêtes de Rhétorique qui ont eu lieu dans la ville d'Anvers en 1496, ainsi qu'à celles de Rotterdam en 1561 : toutes les deux concoururent pour le prix de Vlaerdinghen en 1616.

ANVERS. Cette ville, jadis si florissante, avait quatre Chambres de Rhétorique ; la première portait le nom DE VIOLIEREN, ou des Violiers, dont la devise portait : *Uyt Jonsten versaemt* ; la seconde se nommait GOUD-BLOEM, ayant pour devise : *Groyende in deugd* ; la troisième DEN OLYF-TACK (la Branche d'Olivier), dont la devise était : *Ecce gratia* ; cette Chambre fut établie en l'an 1510 ; et la quatrième T'LELIKEN VAN CALVARIEN, qui avait pour devise : *In Liefde groeyende*.

La Chambre dite DE VIOLIEREN obtint le premier prix à la Fête de Rhétorique de la ville de Furnes en 1480 : elle fut réunie cette même année au Serment ou Confrérie de Saint-Luc, composée pour lors de Peintres, Imprimeurs, Vitriers, Potiers, etc. etc. Cette Chambre conserva cependant un Chef ou Prince particulier, malgré sa réunion à la Confrérie de Saint-Luc ; elle remporta le premier prix à Bruxelles en l'an 1491, et l'année suivante elle obtint à Lierre le premier prix de la plus belle entrée. En 1539, elle eut encore le premier prix dans la ville de Gand.

Les Chambres de Rhétorique de la ville d'Anvers se sont particulièrement distinguées par la valeur des prix qu'elles distribuaient dans leurs fêtes : aussi le concours était-il plus considérable qu'ailleurs ; les entrées somptueuses de plusieurs Chambres de Rhétorique de diverses villes de la Belgique, qui s'y rendaient à ce concours et l'affluence extraordinaire du monde qui y était attiré, rendaient ces Fêtes aussi brillantes que magnifiques. Le concours de l'an 1499 y attira vingt-huit Chambres de Rhétorique, et la valeur des prix distribués monta à trente-six marcs d'argent : celui de 1561, dont nous avons parlé ci-devant d'après Van Meteren, fut encore plus brillant ; les questions proposées dans ce concours et les *Jeux de Moralité*,

par lesquels différentes Chambres de Rhétorique répondirent à ces questions, se trouvent dans un petit volume in-4.°, imprimé en 1562, à Anvers, chez Sylvius ; en voici l'intitulé : " Spelen van
,, Sinnen vol schoone Moralisatien. . . . . . . . .
,, gespeelt met octroy der Con. Maj. binnen de
,, Stadt van Antwerpen opt Lant-Juwiel by die
,, vierthien Cameren van Retorycken die hen daer
,, gepresenteert hebben den 3 dach augusti int
,, jaer ons heeren 1561 op die Questie : *Wat den*
,, *Mensch aldermeest tot conste verweckt.* ,,

La Chambre nommée DEN OLYF-TACK étant tombée en décadence, quelques Amateurs de la Poésie, à la tête desquels se trouvait le nommé Jean Vandenhove, tâchèrent de la rétablir, et à cette occasion, ils se proposèrent d'épurer la langue flamande, en rejetant tous les mots étrangers qui s'y étaient introduits par le commerce considérable que cette ville faisait avec toute l'Europe. Cette Chambre proposa, en 1616, la question suivante : *Par quel moyen les hommes parviennent-ils à la sagesse et à la science.*

Le 18 Août 1692, jour de la grande Fête, dite L'OLIVIER, de la Confrérie de Saint-Luc, le Doyen de cette Confrérie, nommé Henri Van Soest, grand amateur de la langue chinoise, donna un repas, dans lequel on chanta une chanson chinoise, qui fut imprimée avec une version en langue flamande.

ARENDONCK. Ce village, situé dans la Campine, en Brabant, avait une Chambre de Rhétorique, nommée t'Heylich Groytselle, dont la devise était : *Uyt Vreugd en Jolyt*. Cette Chambre se présenta au concours de la ville de Malines en l'an 1620.

ARRAS. Il y avait, dans cette capitale de l'Artois, une Chambre de Rhétorique au commencement du XV.ᵉ siècle ; car, en 1431, on y distribua des prix sur la question : *Pourquoi la Paix ne venait point en France*. En 1491, on y proposa des prix pour ceux qui viendraient donner les plus beaux spectacles, selon le goût du temps.

ASSCHE, bourg situé entre Alost et Bruxelles, avait une Chambre de Rhétorique, nommée Barbaristé : cette Chambre se présenta au concours de la ville de Malines en l'an 1620.

AUDENARDE. La Chambre de Rhétorique de cette ville se présenta au concours d'Anvers en 1496, et à celui de la ville de Gand en 1539 : elle se nommait t'Kersonker, et avait pour devise : *Jonst zoekt konst*.

AXELE. La Chambre de Rhétorique de cette petite ville de Flandre, se présenta, comme la précédente, au concours d'Anvers en 1496, et à celui de Gand en 1539.

## B.

BELLE, village de la Flandre, où il y avait une Chambre de Rhétorique, nommée SPADE RYCKEN, qui se présenta au concours de Poperinghe en 1782.

BERCHEM. Il y avait dans ce village, près d'Anvers, une Chambre de Rhétorique, nommée DEN BLOYENDEN WYNGAERT (la Vigne florissante), dont la devise portait : *Niet sonder God.* Cette Chambre se présenta au concours de Vilvorde en 1560, et à celui de la ville d'Anvers en 1561.

BERG-OP-ZOOM. La Chambre de Rhétorique de cette ville du Brabant-Hollandais, nommée DE VREUGDE-BLOEM (Fleur de Joie), se présenta au concours d'Anvers en 1496 et en 1561, ainsi qu'à celui de Malines en 1620.

BERG-SAINT-WINOCX. La Chambre de Rhétorique de cette ville de la Flandre - Française, remporta le second prix de la question proposée au concours par la Chambre de Rhétorique de la ville de Gand en l'an 1539.

BOIS-LE-DUC. Il y avait trois Chambres de Rhétorique dans cette ville ; la première se nommait Moyses - Bosch ( Buisson de Moïse ), l'autre Barberen-Gilde ( Serment de Sainte-Barbe ), et la troisième Serment de Sainte-Catherine. Une de ces trois Chambres représenta, en 1513, dans l'Église de Saint-Jean de cette ville, un *Jeu de Moralité*, composé par un maréchal nommé Pierre Wouters. En 1532, le Serment de *Sainte-Catherine* représenta dans ladite ville, et même dans les environs, un *Jeu de Moralité*, intitulé : *Van de negen besten en van de negen quaesten*: c'est-à-dire, des neuf meilleurs et des neuf plus mauvais : en 1533, cette Chambre joua la Légende de Sainte Catherine ; en 1536, la Résurrection de Notre-Seigneur, et en 1539, une pièce intitulé : *Le Jeu d'Été et d'Hyver*. L'une de ces Chambres de Rhétorique de Bois-le-Duc se rendit au concours de Bruxelles en 1551, et à celui de la ville d'Anvers en 1561.

BREDA. Cette ville avait deux Chambres de Rhétorique, l'une nommée Vreugden-Dael ( Vallée de Joie ), et l'autre Uyt Rechter Liefde ( par véritable Amour ) : les membres de cette dernière se nommaient *Orangistes*; elle n'exista pas longtemps. La première prétendait être la plus ancienne Chambre de Rhétorique du Brabant après celle de Louvain, appelée LA ROSE. La ville de Breda ayant été prise par les Espagnols en 1581, cette Chambre de Rhétorique fut supprimée comme scandaleuse et contraire aux principes de la Religion Catholique : elle fut rétablie, en 1590, par le Prince Maurice d'Orange ; supprimée encore par le Marquis de Spinola en 1625, et finalement relevée de nouveau quand cette ville resta au pouvoir des États-Généraux des Provinces-Unies.

BRUGES. Il y avait dans cette ville une Chambre de Rhétorique, appelée DU SAINT-ESPRIT, on porte la date de son établissement à l'an 1428 ; elle avait pour devise : *Myn Werck is hemelick*. Cette Chambre prétendait, comme celle de Gand et d'Ipres, avoir le droit de pouvoir ériger des Chambres de Rhétorique dans les autres villes et bourgs de la Flandre : elle était dans l'usage de tenir tous les ans une Assemblée, dans laquelle on récitait ordinairement un drame sur la Passion de Notre-Seigneur ; ceux qui assistaient à cette cérémonie étaient régalés d'un gobelet de vin. Cette Chambre se rendit aux concours de Gand, et de Malines en 1539 et 1620.

BRUXELLES.

BRUXELLES. Les Chambres de Rhétorique de cette ville étaient au nombre de six, dont les noms suivent; savoir:

1. Maria-Crans, ou la Guirlande de Marie.
2. Celle nommée Le Livre.
3. La Fleur de Bled.
4. La Violette.
5. La Fleur de Lys.
6. La Branche d'Olivier.

La Guirlande de Marie était réputée la plus ancienne de toutes les Chambres ; elle existait encore en forme de Confrérie en 1794, comme nous l'avons dit ci-devant, avec les formalités qu'il fallait remplir pour y être admis. Nous avons vu aussi, dans le passage extrait de Van Meteren, que cette Chambre remporta le premier prix de la *plus belle entrée* au concours de l'an 1561 dans la ville d'Anvers : elle se rendit aussi au concours de Malines en 1620 ; sa devise était : *Minnelyk accoort*.

La Chambre de Rhétorique, dite Le Livre, fut établie en 1401 ; elle portait pour devise : *Om beters wille*. Jean IV, Duc de Brabant, mort en 1427, fut membre de cette Chambre, et assista souvent à ses séances. Elle se présenta au concours d'Anvers de l'an 1496, ainsi qu'à celui de Malines de 1620.

La Fleur de Bled, dont la devise était : *Jeugd sticht vreugd*, se présenta au concours d'Anvers en 1561 : les membres, tous en uniforme, étaient au nombre de vingt-quatre à cheval et de douze à pied ; ils étaient suivis de trois chars : cette Chambre se présenta aussi au concours de Malines en 1620.

Les Chambres nommées La Violette et La Fleur de Lys se rendirent au concours de l'an 1496, à Anvers.

J'ignore l'époque de l'établissement de la Chambre dite La Branche d'Olivier : elle existait encore, ainsi que La Fleur de Lys, vers le milieu du XVIII.ᵉ siècle ; mais elles n'étaient pour lors composées l'une et l'autre que de gens de métier, qui de temps à autre représentaient sur le Théâtre de Bruxelles des Comédies et des Tragédies en langue flamande.

Les Chambres de Rhétorique de Bruxelles ont remporté souvent dans différentes villes le premier prix nommé *Land-Juweel* (Joyau du Pays), et elles ont proposé à leur tour des questions.

Selon une Ordonnance du Magistrat de Bruxelles du 11 Avril 1575, pour pouvoir être admis dans une Chambre de Rhétorique, il fallait être marié d'un an et un jour. Comme les Chambres de Rhétorique jouissaient de quelques exemptions, priviléges et franchises, grand nombre de personnes cherchaient d'y entrer, de manière que ces Chambres pouvaient devenir très - nombreuses; mais il paraît que le Magistrat de Bruxelles avait prévu cet inconvénient, car dans le Réglement du 20 Décembre de l'an 1655, concernant les Sermens ou Corporations, on lit, article 27:
" Qu'on fera une liste de ceux des Chambres de
,, Rhétorique, qui selon les Ordonnances ne peu-
,, vent excéder le nombre de soixante pour chaque
,, Chambre, y compris le Prince, les Anciens et
,, autres. ,,

## C.

CAESTRE, village dans la Châtellenie de Bailloeill en Flandre, avait une Chambre de Rhétorique, dite KNAEP-GILDE.

CAMBRAY avait aussi une espèce de Chambre de Rhétorique, dont les membres se rendirent au concours de la ville d'Arras en 1431.

**CAPERYCKE**, bourg de Flandre, avait une Chambre de Rhétorique, dont les membres portaient le nom de Barbristes; cette Chambre se rendit au concours de Gand en 1539.

**CATWYCK-SUR-MER**, bourg d'Hollande, avait une Chambre de Rhétorique, qui se présenta au concours de la ville de Leyde en l'an 1596.

**CATWYCK-SUR-LE-RHIN**. La Chambre de Rhétorique de cet endroit se nommait Koren-Aren; elle se rendit au concours de Leyde en 1596.

**COURTRAY**. Il y avait dans cette ville de Flandre trois Chambres de Rhétorique, dont la première était connue sous le nom de Barberiani; la seconde d'Antoniani Fontanenses, et la troisième de Crusiani. Ces Chambres furent approuvées par la Chambre de Rhétorique d'Ipres. La première, dont la devise était : *God voet veel zotten*, remporta les prix de concours de Bruges en 1431; de l'Écluse en 1441; de Termonde en 1464, et de la ville de Gand en 1496. La seconde remporta le prix à Audenarde en 1540, et à Hontschote, village de Flandre, en 1553. La troisième eut le prix à Bruges en 1517. Il y eut à Courtray une espèce de concours en 1777; plusieurs Chambres de Rhétorique des endroits voisins y vinrent représenter des Drames et des Tragédies.

## D.

DEYNSE, petite ville de Flandre, où il y avait une Chambre de Rhétorique, nommée CAMERA NAZARENA RHETORUM, laquelle obtint des Lettres de Confirmation de l'Archiduc Maximilien ; cette Chambre se présenta au concours de Gand en 1539 ; sa devise était : *Doynse om een beter.*

DELFT, ville d'Hollande, où, d'après un ancien manuscrit, il existait déjà en 1487 une Chambre de Rhétorique. Parmi les Chambres de Rhétorique, qui se présentèrent au concours de Rotterdam en 1561, on compte celle de Delft, peut-être la même qui, sous le nom de RAPEN-BOOM, se rendit au concours de Vlaerdinge en 1616.

DIEST. La Chambre de Rhétorique de cette ville, nommée CHRISTUS-OOGHEN (Yeux de Christ), ayant pour devise : *Doorsien t'al*, a été regardée comme l'une des plus anciennes des Pays-Bas : on place son origine à l'an 1302. Il y avait une autre Chambre de Rhétorique, appelée LELIE-BLOEM (Fleur de Lys.)

La première remporta le premier prix au concours de la ville de Gand en l'an 1535 ; elle se rendit au concours d'Anvers en 1561, et à celui de Malines en 1620. La seconde se présenta aussi au concours d'Anvers en 1561.

Il y eut à Diest, en l'an 1541, un concours, où la Chambre de Rhétorique d'Anvers, nommée DE VIOLIEREN, remporta le premier prix.

DIXMUDE, ville de Flandre, avait deux Chambres de Rhétorique, dont l'une appelée DE LELIE-BLOEM, avait pour devise : *Rein-Bloeme*; l'autre se nommait : DEN HEYLIGE GEEST, ou le Saint Esprit.

DORDRECHT. Les membres de la Chambre de Rhétorique de cette ville d'Hollande, se nommaient DE FONTAYNISTEN : cette Chambre se rendit au concours de Vlaerdinge en 1616.

DOMBURY. Il y avait aussi une Chambre de Rhétorique dans cette ville, située dans l'île de Walcheren en Zelande, où on a découvert des morceaux curieux de l'antiquité, qui l'ont rendue célèbre.

DOUAY, ville de Flandre, où il y avait une espèce de Chambre de Rhétorique, dont les membres se rendirent au concours d'Arras en 1431.

### E.

ENGHIEN, petite ville du Hainaut, dont la Chambre de Rhétorique se rendit au concours de la ville de Gand en l'an 1539.

### F.

FURNES. La Chambre de Rhétorique de cette ville avait pour devise : *Aerm in de borse oft van sinnen jonck*, c'est-à-dire, Pauvres dans la bourse, ou jeunes de sens. Selon le droit coutumier, le Magistrat de la ville de Furnes nommait le Doyen de cette Chambre de Rhétorique.

### G.

GAND. Il y avait dans cette capitale de la Flandre cinq Chambres de Rhétorique, dont la première se nommait : DE BREM-BLOEM ; la seconde, DEN BALSEM ; la troisième, DE BARBARISTEN ; la quatrième, DE BOOM-LOOSE-MANDE ; et la cinquième, DE FONTEYN, ou les Fontainistes. Les trois dernières se rendirent au concours de l'an 1496 dans la ville d'Anvers. Nous avons dit ci-devant que la Chambre des Fontainistes ouvrit un concours en l'an 1539, sur cette question : *Quelle pouvait être la plus grande consolation de l'homme mourant ?* et que le volume imprimé contenant les pièces de concours avait été mis à l'Index publié par les ordres du Duc d'Albe en 1571, raison pour laquelle ce volume est devenu très-rare. Ce fut la Chambre de Rhétorique d'Anvers, nommée DES VIOLIERS, qui remporta le premier prix.

L'Archiduc Philippe, père de Charles-Quint, Souverain des Pays-Bas, convoqua les Députés de toutes les Chambres de Rhétorique de la langue flamande dans la ville de Malines, où s'étant rendus en l'an 1493, ce Prince leur donna des Lettres-Patentes pour l'érection d'une Chambre suprême de Rhétorique, portant le titre de : DEN GODDELYKEN EN WEERDIGNEN NAEM JHESU METTEN BALSEM-BLOMME ( le Divin et Révéré Nom de Jésus avec la Fleur de Beaume ). Il nomma son Chapelain, Pierre Aelturs, Chef absolu de cette Chambre, l'autorisant à lui donner un Réglement, et à l'établir dans la ville des Pays-Bas qu'il croirait la plus convenable. Cependant ce ne fut qu'en 1505 que l'Abbé Aelturs fit ce Réglement : il est daté de Gand le 25 Novembre, et renferme vingt-sept articles, où entre autres il désigne à cette Chambre la ville de Gand, à quel effet il y fit construire

un

un autel dans la Chapelle de Sainte - Barbe de la Cour du Prince. Ce Réglement porte en substance : que la Chambre serait composée de quinze personnes, y compris le Lieutenant et le Trésorier, et de quinze jeunes hommes qui seraient tenus d'apprendre l'art de la Poésie : que du produit de l'argent à fournir par les membres, on proposerait tous les ans un prix, pour lequel chaque Rhétoricien serait le maître de concourir : que lorsque ladite Chambre de Rhétorique et les quinze jeunes hommes y agrégés se rendraient aux concours proposés par les Chambres de Rhétoriques des autres villes du Pays, ils pourraient, en vertu de la suprématie de la Chambre, représenter leur Drame ou Jeu de Moralité quand il leur plairait, sans être obligés de tirer au sort : qu'afin d'honorer dans cette Chambre d'une manière plus particulière Notre - Seigneur Jésus - Christ et la Vierge Marie, on y admettrait quinze femmes en mémoire des quinze Joies de la Sainte Vierge.

GEMBLOURS. Il y avait au commencement du XVII.ᵉ siècle une Chambre de Rhétorique dans cette petite ville du Wallon-Brabant, bien connue d'ailleurs par la célèbre Abbaye de ce nom.

GHEEL. Cette petite ville avait une Chambre de Rhétorique, nommée : DE BREM-BLOEM, qui se rendit au concours de Malines en 1620 ; elle portait pour devise : *Al met den tyd.*

GORCUM, petite ville d'Hollande, dont la Chambre de Rhétorique se nommait T'Seghel - Bloemke : cette Chambre se rendit au concours de Vlaerdinge en 1616.

GOUDA. La Chambre de Rhétorique de cette ville d'Hollande se nommait Gouds-Blomme : on croit qu'elle y a été établie en 1437. Cette Chambre se rendit au concours de Leyde en 1561, et en 1596 elle représenta dans cette même ville *le Massacre de la Saint Barthélemi.*

GRAMMONT, petite ville de Flandre, au Comté d'Alost, où il y avait anciennement une Chambre de Rhétorique, qui comptait parmi ses membres des personnes de la première noblesse de la Flandre.

## H.

HAERLEM. Cette ville avait trois Chambres de Rhétorique ; les membres de la plus ancienne se nommaient Pelicanisten ; la seconde avait pour devise : *Lief is boven al* (l'Amour est au-dessus de tout) ; la troisième, qui portait le nom de

Chambre Flamande, ou Orangie-Lelie (Lys d'Orange), avait pour devise : *In Liefde getrouw* (Fidèle en Amour).

Les Pelicanistes se rendirent aux concours de la ville de Leyde en 1561, et en 1596, dans laquelle année ils y représentèrent un jeu de moralité, intitulé : *La Tyrannie*. Cette Chambre proposa à son tour, en 1606, un prix de Rhétorique, pour lequel concoururent douze Chambres des villes de la Hollande.

La Chambre Flamande se rendit aussi au concours de la ville de Leyde en 1596.

HAESBROUCK, bourg situé dans la Châtellenie de Cassel en Flandre, avait une Chambre de Rhétorique, qui existait en 1644 : elle se présenta au concours de Poperinghe en 1782. Cette Chambre jouissait des mêmes priviléges que les Chambres de Rhétorique des villes de la Flandre.

HAESTRICHT. La Chambre de Rhétorique de cette ville, nommée Galis-Blomken, ou Balsem-Bloem, se présenta au concours d'Haerlem en 1606, et à celui de la ville de Malines en 1620.

HALLE. La Chambre de Rhétorique de cette petite ville du Hainaut, se rendit au concours de Malines en 1620.

HAYE (LA). La Chambre de Rhétorique de cette ville nommée DE KOREN-BLOEM (Fleur de Bled), se rendit au concours de Leyden en 1596, et à celui d'Haerlem en 1606.

HELMONT. Il y avait une Chambre de Rhétorique, nommée DE VLAS-BLOEM ( la Fleur de Lin ), qui se rendit au concours de la ville de Malines en 1620.

HERENTHALS, petite ville dans la Campine en Brabant, où il avait une Chambre de Rhétorique, qui portait pour devise : *Schoon Cauwoerden*; cette Chambre se rendit aux concours de la ville d'Anvers dans les années 1496 et 1561, et à celui de Lierre en 1498, ainsi qu'au concours proposé en 1532, à Bruxelles, par la Chambre dite GUIRLANDE DE MARIE. Dans ce concours la Chambre de Rhétorique d'Herenthals prétendit qu'elle devait avoir le rang sur les Chambres des autres petites villes; mais par sentence rendue le 4 Février de l'an 1534 par la Chambre GUIRLANDE DE MARIE, ses prétentions furent déclarées non fondées.

HESDIN, dans le Comté d'Artois, avait une espèce de Chambre de Rhétorique, dont les membres se rendirent au concours de la ville d'Arras en 1431.

NOTES.  181

HONTSCHOTE, village de Flandre, où il y avait une Chambre de Rhétorique, qui existait au commencement du XVII.ᵉ siècle : cette Chambre se présenta au concours de Poperinghe en 1782.

HOOGSTRAETEN, village du Brabant, dans le Quartier d'Anvers, où il y avait aussi une Chambre de Rhétorique.

HOUTKERCKE. Il y avait dans ce village de la Flandre une Chambre de Rhétorique, dont les membres se nommaient t'Wist-Bevegters : cette Chambre se rendit au concours de Poperinghe en 1782.

HULST. La Chambre de Rhétorique de cette ville n'existait plus après le milieu du XVII.ᵉ siècle, ce qu'il faut attribuer, sans doute, aux siéges que cette place forte a dû soutenir pendant les troubles de la Belgique. Cette Chambre se rendit au concours d'Anvers en 1496. D'après une Ordonnance du Magistrat de la ville de Hulst, de l'an 1577, les membres de la Chambre de Rhétorique étaient obligés, en cas d'émeute, à prendre les armes, comme les autres Corporations, ou Confréries, connues sous le nom de *Gildes*, ou Sermens.

## I.

IPRES. Il y a eu dans cette ville six Chambres de Rhétorique, dont la plus ancienne portait le nom de ALPHA ET OMEGA, dont la devise était : *Spiritus ubi vult spirat;* la seconde de DE VREUGDENAERS ( les Joyeux ) ; la troisième de DE MOEREN ; la quatrième de DE GETROUWE HERTEN ( les Cœurs Fidèles ) ; la cinquième se nommait DE ROSIEREN (les Rosiers) , et la sixième DE LICHTGELAERDEN (les Legers).

Une de ces Chambres se rendit au concours d'Anvers en 1496, et à celui de la ville de Gand en 1539.

Celle nommée ALPHA ET OMEGA se vantait d'être la plus ancienne Chambre de Rhétorique de la Flandre, et en cette qualité elle prétendait avoir le droit de confirmer l'établissement des Chambres de Rhétorique des autres villes et bourgs du Pays ; et en effet cette Chambre confirma et autorisa l'établissement des Chambres de Rhétorique de Courtray, de Nieuport et de Cassel ; mais cette prétention lui a été contestée par les Chambres de Rhétorique de Gand et de Bruges, qui ont également approuvé et confirmé l'établissement de diverses Chambres de la Flandre.

ISEMBOURG , village de la Flandre, dans la Châtellenie de Furnes , où il y avait une Chambre de Rhétorique , qui se présenta au concours de Poperinghe en 1782.

## K.

KETEL, village situé dans la Province de la Hollande, où il y avait une Chambre de Rhétorique, nommée DE SONNE-BLOEM. Cette Chambre se rendit au concours d'Haerlem en 1606, et à celui de Vlaerdinghe en 1616.

## L.

LÉAU , ancienne petite ville de Brabant , où il y avait une Chambre de Rhétorique , qui se présenta au concours de la ville d'Anvers en 1561.

LEBBEKE , village du Comté de Flandre, dans le pays de Termonde , où il y avait une Chambre de Rhétorique , qui anciennement était dans l'usage de représenter des Drames et autres pièces en vers flamands , tant à cheval , que sur les théâtres.

L'ÉCLUSE. La Chambre de Rhétorique de cette ville se rendit au concours d'Anvers de l'an 1496.

LEFFINGHE. La Chambre de Rhétorique de ce village de la Flandre se présenta au concours de la ville de Gand en 1539.

LEYDE. La Chambre de Rhétorique de cette ville se rendit au concours de Rotterdam en 1561. Cette Chambre proposa un prix au concours en l'an 1596.

LICHTERVELDE, village de Flandre, où il y avait une Chambre de Rhétorique, dont les membres se nommaient Vredzamighe Reysers (les Voyageurs Pacifiques). Cette Chambre concourut pour le prix proposé à Poperinghe en 1782.

LIERRE, ville de Brabant, où il y avait trois Chambres de Rhétorique, dont l'une se nommait Den Groyenden-Boom (l'Arbre Croissant), ayant pour devise : *t'Dor word groyende;* la seconde De Jenette-Bloem, oft d'Ongeleerde (Fleur de Genète, ou les Ignorans), et la troisième De Hof-Bloemkens; elle portait pour devise : *Volbrengt Liefde.* La première est la plus ancienne, et la seconde existait déjà en 1480, puisque dans les comptes des Receveurs de la ville de Lierre, de cette année, se trouve annotée une certaine somme payée à ladite Chambre.

Ces

NOTES. 185

Ces deux Chambres envoyèrent, en 1493, des Députés à Malines, où l'Archiduc Philippe avait fait convoquer toutes les Chambres de Rhétorique de la langue flamande : elles se rendirent au concours d'Anvers en 1496. La Chambre dite l'ARBRE CROISSANT proposa un prix à Lierre en l'an 1498, et en 1532 elle concourut pour le prix proposé à Bruxelles par la Chambre LA GUIRLANDE DE MARIE. Cette Chambre se rendit aussi au concours d'Anvers de 1561, où elle fit une entrée brillante, à la dépense de laquelle la ville de Lierre contribua une somme de deux cents florins. La Chambre dite LA FLEUR DE GENÈTE, OU LES IGNORANS, se présenta au concours de Malines l'an 1620.

Quelques jeunes gens voulurent ériger une autre Chambre de Rhétorique dans la ville de Lierre en 1562 ; mais les deux Chambres s'y étant opposées, le Magistrat leur en refusa la permission.

LOO. La Chambre de Rhétorique de cette ville de Flandre avait été autorisée et confirmée par les Chambres de Rhétorique d'Iprès et de Bruges vers l'an 1500. Cette Chambre se rendit au concours de la ville de Gand en 1539 : les membres se nommaient DE ROYAERTS VAN LOO.

A a

LOUVAIN. Il y avait dans cette ancienne Capitale du Brabant six Chambres de Rhétorique, dont celle nommée LA ROSE, qui avait pour devise : *Minne is 't Fondament*, était réputée pour la plus ancienne du Brabant ; voici les noms des cinq autres :

MESUYTE.
LA LYS.
DE KERSAMDE, ou KERSOUWKEN.
LE BOUDIN.
DE PERCILLE WORTEL, ou Racine de Persil.

Il est fait mention de la Chambre dite LA ROSE dans les actes de l'an 1460 ; de celle nommée LA RACINE DE PERSIL dans les actes de 1482 ; de LA FLEUR DE LYS dans les actes de 1483, et de celle dite LE BOUDIN dans ceux de l'an 1515. Les Chambres de LA FLEUR DE LYS, DE KERSAMDE et LE BOUDIN, se rendirent au concours d'Anvers de l'an 1496. LA ROSE concourut pour le prix proposé dans la ville d'Anvers en 1561.

## M.

MAESLANT, en Hollande, avait une Chambre de Rhétorique, nommée L'OLIVIER, laquelle se rendit au concours de Vlaerdinge en 1626.

MAGDALENA-CAPELLE, village de Flandre, où il y avait une Chambre de Rhétorique, nommée De Saint-Lazare, laquelle se présenta au concours de Poperinge en l'an 1782.

MALINES. Il y avait deux Chambres de Rhétorique dans cette ville, dont l'une se nommait Le Pion, qui se rendit au concours d'Anvers de l'an 1496; elle portait pour devise: *In principio erat Verbum;* l'autre s'appelait De Lis-Blomme. On lit dans une ancienne Chronique, écrite en vers flamands, qu'en 1458 il y eut à Malines une Fête de Rhétorique; en voici le passage :

1458 *Toen was t'groot Spel van Rhetorike claer
Te Mechelen int Stadt al openbaer.*

Lors de l'entrée de Charles-le-Hardi, Duc de Bourgogne, dans la ville de Malines, les Chambres de Rhétorique représentèrent devant ce Prince différentes pièces dramatiques.

En 1515 eut lieu à Malines une grande Fête de Rhétorique, dont les prix furent donnés par la Chambre nommée Le Pion : quinze Chambres de Rhétorique de divers endroits s'y rendirent au concours, et le Magistrat de Malines fit présenter à chacune de ces Chambres six cruches de vin de Rhin ; il donna en outre à la Chambre dite Le Pion une somme de soixante-quinze livres de Brabant pour l'aider à supporter les grandes dépenses de cette Fête : la Chambre dite De Lis-Blomme, qui avait régalé les Chambres étrangères, reçut du même Magistrat, sept livres quinze sols, même monnaie.

Ce fut une de ces deux Chambres de Malines, qui remporta le premier prix à la Fête de Rhétorique de Bruxelles en l'an 1532 ; et comme il était d'usage que la Chambre de Rhétorique, qui avait obtenu le premier prix, devait à son tour ouvrir un concours, cette Chambre de Malines donna effectivement une Fête de Rhétorique dite Land-Juweel, ou Joyau du Pays, en 1535, dont le premier prix fut remporté par la Chambre de Rhétorique de la ville de Diest.

La Chambre dite Le Pion se rendit à la Fête de Rhétorique de Vilvorde de l'an 1560, et l'année suivante elle se présenta, ainsi que le Lis-Blomme, au concours de la ville d'Anvers.

En 1566, le Magistrat de Malines donna une somme de quatre-vingt-cinq florins à la Chambre de Rhétorique dite LE PION, pour l'aider à supporter les frais qu'elle avait faits en se rendant au concours qu'on avait célébré cette même année dans la ville de Bruxelles.

Cette Chambre de Rhétorique dite LE PION donna une grande Fête de Rhétorique à Malines en l'an 1620. Vingt-sept Chambres de Rhétorique de divers endroits concoururent pour le prix; mais toutes ces Chambres ne se rendirent point à Malines, parce que la Chambre LE PION, contre l'usage ordinaire, avait permis aux Chambres, qui ne pourraient pas venir sur les lieux, d'envoyer leurs ouvrages au concours.

Nous avons un ouvrage, intitulé *Schat-Kiste der Philosophen* (Caisse du Trésor des Philosophes). *Mechelen, 1621, in-fol.*, dans lequel se trouvent imprimés les Drames qui ont été représentés à cette occasion dans ladite ville par les différentes Chambres de Rhétorique qui se sont présentées au concours, ainsi que les diverses pièces de Poésie et les Chansons qui y ont été récitées et chantées : il y a encore une estampe qui représente l'Entrée de la Chambre de Rhétorique de Bruxelles, nommée LA GUIRLANDE DE MARIE, dans la ville de Malines.

MENIN, ville de Flandre, où il y a eu deux Chambres de Rhétorique, dont l'une nommée BARBARISTEN, ayant pour devise : *Wy Hoopen Bruers*, se présenta au concours de la ville de Gand en 1539, et l'autre, dite LA SAINTE-TRINITÉ, concourut pour le prix de la Fête de Poperinge en 1782.

MESSINE, petite ville de Flandre, dont la Chambre de Rhétorique, nommée FONTAINISTEN, se rendit au concours de la ville de Gand en 1539.

MIDDELBOURG, capitale de la Zelande ; la Chambre de Rhétorique de cette ville, nommée HET BLOEMKEN JESSÉ (Fleur de Jessé), existait déjà en 1430 : cette Chambre était regardée comme la plus ancienne des Provinces-Unies des Pays-Bas ; elle se rendit au concours de Rommerswael, en Hollande, dans l'année 1507.

MOLL, bourg de la Campine, dont la Chambre de Rhétorique se rendit au concours de Malines en 1620.

MOORSELE, village situé près de la ville de Menin, dont la Chambre de Rhétorique se rendit au concours de Poperinge en 1782.

## N.

NAMUR. Il y avait dans cette ville une Chambre de Rhétorique, qui fut établie sous le règne de l'Empereur Charles-Quint.

NECKERSPOELE, près de Malines. La Chambre de Rhétorique de ce petit endroit, nommée DE BOON-BLOMME ( la Fleur de Fève ), distribua des prix en l'an 1521, et en 1560 elle se rendit au concours de la ville de Vilvorde.

NEUVE-ÉGLISE, village dans la Châtellenie de Bailleul, en Flandre. Il y avait deux Chambres de Rhétorique : la plus ancienne fut établie en 1434; elle se présenta au concours de la ville de Gand en 1539.

NIEUPORT. La Chambre de Rhétorique de cette ville, nommée ONSER-VROUWE GOUDE-CROON ( la Couronne-d'Or de Notre-Dame ), se rendit au concours de Gand de l'an 1539.

NINOVE, ville du Comté d'Alost, dont la Chambre de Rhétorique, nommée de WITTE-WATER-ROOSEN, se rendit au concours de Courtray en l'an 1452;

elle avait pour devise : *Al Vloyende Groyende.* Cette Chambre donna, au commencement du XVII.e siècle, une Fête de Rhétorique, dont le premier prix fut remporté par la Chambre Des Violiers de la ville d'Anvers.

NIVELLES, ville du Wallon - Brabant, dont la Chambre de Rhétorique se présenta au concours de l'an 1496 dans la ville d'Anvers.

NOOTDORP, en Hollande, dont la Chambre de Rhétorique concourut, pour le prix proposé, à Vlaerdinge en 1616.

## O.

OSTENDE. Il y avait dans cette ville une Chambre de Rhétorique, qui se rendit au concours d'Anvers de l'an 1496.

OVERCHIE, en Hollande, où il y avait une Chambre de Rhétorique, nommée De Roode Rooze-Knoppen, qui avait pour devise : *Schiet - uyt Vreugde.*

POLINKHOVE,

## P.

POLINKHOVE, village situé dans la Flandre. Il y avait une Chambre de Rhétorique, dont les membres se nommaient MARIANISTEN. Cette Chambre se rendit au concours de Poperinge en 1782.

POPERINGE, petite ville de Flandre, dont la Chambre de Rhétorique proposa un prix au concours, en l'an 1782, pour les Chambres qui y représenteraient le mieux une Tragédie ou une Comédie. Chaque Chambre de Rhétorique devait remettre au Receveur de la Chambre de Poperinge dix-huit florins, pour pouvoir concourir; il y en a eu dix-huit qui se rendirent à ce concours.

## R.

ROMMERSWAEL, en Hollande, dont la Chambre de Rhétorique, nommée DE DRIE KOREN-BLOEM-KENS ( les Trois Fleurs de Bled ), se rendit au concours d'Anvers de l'an 1496. Cette Chambre ouvrit un concours en 1507 : elle avait pour devise: *In Minne Verzaemt.*

ROTTERDAM, ville considérable d'Hollande, dont la Chambre de Rhétorique se nommait DE BLAUWE

ACCOLEYE. Cette Chambre donna un concours en 1561, où elle proposa pour question :

*Wie den meesten troost oyt quam te baten
Die schenen van God te syn verlaeten.*

c'est - à - dire, *Qui sont ceux qui paraissaient abandonnés de Dieu, et qui reçurent la plus grande consolation.* Neuf Chambres de Rhétorique concoururent pour le prix et répondirent à cette question par un jeu de moralité.

La Chambre de Rhétorique de Rotterdam proposa encore deux autres questions, auxquelles on devait répondre par une pièce en vers ; la première de ces questions était conçue ainsi : *Waer in een amoureus hert den meesten troost schept* ( En quoi trouve la plus grande consolation un cœur amoureux ) ; la seconde disait : *Wat meest gheacht en schadelyck vercregen* ( Qu'est-ce qui est le plus estimé, et qui est acquis avec plus de peine ).

ROUSSELAER, en Flandre, avait une Chambre de Rhétorique, qui se présenta au concours de Poperinge en 1782.

RYNSBURCH, en Hollande, dont la Chambre de Rhétorique se rendit au concours de la ville de Rotterdam en 1561.

## S.

SAINT-NICOLAS, gros bourg, situé au pays de Waes, dont la Chambre de Rhétorique fut établie en l'an 1536.

SAINT-QUINTIN, ville du Comté d'Artois, où il y avait une Chambre de Rhétorique, dont les membres se présentèrent au concours fait à Arras en 1431.

SCHIEDAM. Il y avait dans cette ville d'Hollande, deux Chambres de Rhétorique, dont l'une se nommait Roo-Roosen (les Roses Rouges) et l'autre Den Vyghen-Boom (le Figuier). La Chambre Roo-Roosen se rendit au concours de Rotterdam en 1561; et en 1616, les deux Chambres de Schiedam se présentèrent au concours de Vlaerdinge.

SEVENKERKE. La Chambre de Rhétorique de ce village de Flandre se rendit au concours d'Anvers de l'an 1496.

S'GRAVESANDE. La Chambre de Rhétorique de cette ville se nommait De Gheele-Fiolette (la Violette Jaune); elle se rendit au concours de Vlaerdinge en 1616.

SICHEM. Il y avait aussi dans cette petite ville du Brabant une Chambre de Rhétorique.

SOUTEMEER, en Hollande. La Chambre de Rhétorique de cet endroit se nommait DE MEER-BLOEM ; elle se présenta au concours de Vlaerdinge en 1616.

STEENVORDE, village de Flandre, dans la Châtellenie de Cassel, où il y avait une Chambre de Rhétorique, dont les membres s'appelaient ONTSLUYTERS VAN VREUGDEN. Cette Chambre se rendit au concours de Poperinge en 1782.

STRAZEELE, village de Flandre, dont la Chambre de Rhétorique se rendit au concours de Poperinge en 1782.

T.

TER GOES, dans la Province de Zelande, où il y avait une Chambre de Rhétorique, nommée NARDUS-BLOEMME, laquelle se rendit au concours de la ville de Malines en 1620.

TERMONDE. Il y avait dans cette ville de Flandre trois Chambres de Rhétorique, dont l'une avait pour Patrone Sainte Dorothée ; la seconde Saint Hilduart, et la troisième Saint Roch : la première obtint la confirmation de ses réglemens en 1478 par le Magistrat de Termonde ; et en 1565 elle fut reconnue par la Chef-Chambre de Rhétorique de la ville de Gand ; la seconde prétendait être la plus ancienne, et la troisième existait déjà en 1489. L'une de ces Chambres se présenta au concours d'Anvers en 1496.

Vers le milieu du XVI.ᵉ siècle, une femme, nommée Rosine Coleners, fut aggrégée à la Chambre de Rhétorique de Sainte Dorothée ; cette femme n'était point lettrée ; elle ne savait pas même écrire, mais elle composait naturellement des vers flamands, qu'on lisait du temps de Lindanus, qui en fait l'éloge dans son *Teneramunda*. Cette femme mourut en 1560.

THIELT, petite ville de Flandre, dont la Chambre de Rhétorique fut établie par Octroi de la Chef-Chambre de Gand en 1539.

THOUROUT, bourg de Flandre, dont la Chambre de Rhétorique se rendit au concours de Poperinge en 1782.

TIRLEMONT, ville de Brabant, avait deux Chambres de Rhétorique, l'une nommée, LA FONTAINE et l'autre LA FLEUR DE BLED. La première se rendit au concours de la ville de Gand en 1539; elle avait pour devise : *Fons gratiæ, vitæ, et misericordiæ.*

TURNHOUT, petite ville de la Campine, en Brabant, dont la Chambre de Rhétorique, nommée HET HEY-BLOEMKEN ( la Fleur de Bruyère ), se rendit au concours d'Anvers en 1561, et à celui de la ville de Malines en 1620.

## V.

VALENCIENNES. Il y avait dans cette ville une espèce de Chambre de Rhétorique, dont les membres se rendirent au concours fait à Arras en 1431.

VERE, en Zélande, dont la Chambre de Rhétorique portait le nom de MESSEN DE SCHOLIEREN. Maurice, Prince d'Orange, y fit bâtir, en 1596, une belle maison, dite *Het Gilde-Huys*, dans laquelle cette Chambre de Rhétorique tenait ses séances.

VILVORDE, ancienne petite ville du Brabant, où il y avait une Chambre de Rhétorique, nommée DE GOU-BLOMME : cette Chambre proposa un concours en 1560; elle se rendit à la Fête d'Anvers en 1561, et à celle de Malines en 1620 ; sa devise était : *Niet sonder God. In Liefde groyende.*

VLAERDINGE, en Hollande, dont la Chambre de Rhétorique fut instituée en l'an 1433 : cette Chambre se présenta au concours de Leyde en 1596, et en 1616 elle proposa un prix de Rhétorique, dont la question était : *Wat middel dat best dient genomen by der handt die t'gemeen noodichts is en vordelickts voor t'landt*, c'est-à-dire, Quel serait le moyen à employer le plus nécessaire au peuple et le plus utile au pays.

Quinze Chambres de Rhétorique se rendirent à ce concours ; celle de la ville de Gorcum remporta le premier prix ; elle démontra, par un jeu de moralité, que l'union fait la force du pays, et la guerre civile cause sa ruine ; et que par conséquent l'union et la concorde dans les affaires ecclésiastiques et civiles était la chose la plus nécessaire au peuple et la plus utile au pays.

Cette question proposée par la Chambre de Rhétorique de Vlaerdinge, n'était pas sans but dans un temps où les querelles entre les Arminiens et les Gomaristes divisaient les Provinces-Unies ; querelles qui occasionnèrent la mort du grand

Pensionnaire d'Hollande le vertueux Barneveld, l'emprisonnement et l'exil de l'illustre Grotius.

A cette Fête de Vlaerdinge, il y avait un prix pour les *Knie-Werken* ( ouvrages à genoux ) : on appelait ainsi les ouvrages qui devaient être faits sur-le-champ, c'est-à-dire écrits sur le genou, faute de table à écrire ou de pupitre.

## W.

WATENE, village dans la Châtellenie de Cassel, en Flandre, où il y avait une Chambre de Rhétorique au commencement du XVII.e siècle.

(C.)

La Musique, comme nous l'avons dit ci-dessus, était cultivée d'une manière particulière dans les Pays-Bas sous Philippe-le-Bon, Duc de Bourgogne, qui eut la Cour la plus brillante de son temps : elle l'était également sous le règne de son fils Charles-le-Hardi, qui la connaissait et qui aimait à s'y exercer ; mais on peut dire que sous le gouvernement de Marguerite d'Autriche, Duchesse douairière de Savoye, cet art fut porté au plus brillant degré. Cette Princesse tâchait d'adoucir ses infortunes par les plaisirs, la Poésie, la Musique et la Danse : nous avons encore dans la Bibliothèque publique de Bruxelles un manuscrit provenant de sa collection, intitulé *Des Basses-Danses*, où se trouvent annotées en musique plus de cinquante danses différentes : sa Cour était le rendez-vous de toute la Noblesse du pays, et même d'une partie de celle de France, qui de temps à autre y venait prendre part aux fêtes et aux passe-temps agréables ; de sorte que les progrès de la Musique furent à cette époque si remarquables que les Belges méritèrent d'être nommés, par des savans étrangers, les Restaurateurs de cet Art en Europe.

Je dis par des savans étrangers, car nos historiens ne nous disent guères plus de choses sur les

Musiciens que sur les Poëtes de la Belgique. On lit dans la *Description de tous les Pays-Bas*, par Louis Guicciardin, Italien, natif de Florence, que *les Belges sont les maîtres de la musique, qu'ils ont fait renaître et qu'ils ont portée à un grand point de perfection.* Cet Auteur nous a conservé les noms d'un grand nombre de nos plus célèbres Musiciens, sans compter *plusieurs autres*, ce sont ses termes, *répandus dans le monde et dans les Cours de l'Europe, où ils sont comblés de biens et d'honneurs, comme les maîtres de cet art.* Guillaume Crétin, Poëte français, Secrétaire et Historien de Louis XII, Roi de France, et le fameux François Rabelais ( 1 ) font mention aussi de quelques-uns de ces grands Maîtres. Voici, au reste, une petite Notice des plus célèbres qui ont fleuri avant la Duchesse Marguerite d'Autriche et pendant son Gouvernement.

*Célèbres Musiciens Belges, antérieurs au Gouvernement de Marguerite d'Autriche.*

JOSQUIN DES PREZ, Doyen du Chapitre de Saint Wanegulphe, à Condé, mort dans cette ville,

―――――――――――――――――――――

(1) L'auteur des remarques sur Rabelais, fait avec raison l'observation suivante : *Il n'est pas inutile de remarquer pour les progrès de la Musique en France, que la plupart de nos anciens Musiciens étaient Flamands.*

fut, ainsi que le rapporte Aubert le Mire, dans son Traité *De Collegiis Canonicorum*, un excellent Musicien et l'un des premiers Restaurateurs de la Musique : *Musicus excellentissimus*, dit-il, *qui primus fere artem musicam in ordinem redegit, multisque eam partibus auxit.*

AUBERT OCKERGAN, né en Hainaut, fut Trésorier de l'Église de Saint Martin de la ville de Tours, il passait pour le plus célèbre Musicien sous le règne de Louis XII, Roi de France, mort en l'an 1515. Guillaume Crétin a fait une petite pièce de poésie, intitulée : *Déploration sur le Trépas de feu Ockergan*, dans laquelle on lit :

C'est Ockergan qu'on doit plorer et plaindre
C'est luy qui bien scut choisir et atteindre
Tous les secret de la subtilité
Du nouveau chant par sa subtilité
Sans ung seul point de ses regles enfraindre.
. . . . . . . . . . . . .
. . . . . . . . . . . . .

Du bon Seigneur (Ockergan) qui tant a décorez
Et embellis les livres de Musique
Et de sa main nous en sont demourez
D'ouvrages exquis si tres bien labourez
Que semble ouyr ung droit chant angelique.

Jean le Teinturier (Tinctor), né à Nivelles, vers le milieu du XV.<sup>e</sup> siècle, Docteur en Droit civil et canonique, et Chanoine de l'Église de Nivelles, fut attiré par Ferdinand, Roi de Naples, qui le fit Archichapelain et Maître de Musique de sa Chapelle : Trithème en fait mention, comme d'un homme très-savant, profond Mathématicien, et grand Musicien. Il fonda à Naples, avec Gafurio et Garnerio, une École de Musique qui eut beaucoup de célébrité. On ignore l'année de sa mort ; mais il vivait encore en l'an 1495. Nous avons de lui plusieurs Traités sur la Musique, entre autres : *Terminorum musicæ Diffinitorium*, imprimé à Naples en 1474, et à Trevise, sans date.

Simon Vander Eycken, né à Bruxelles dans le courant du XV.<sup>e</sup> siècle, passa en Italie, où il acquit une telle réputation, qu'il fut nommé Maître de Musique de l'Église Métropolitaine de Saint Ambroise de la ville de Milan. Il a écrit un Traité sur la Musique, intitulé : *De Gregoriana, et figurativa, et contrapuncta simplici*, imprimé à Lantshut en 1518.

*Maîtres de Musique Belges pendant le Gouvernement de Marguerite d'Autriche.*

AGRICOLA, Maître-Musicien, était attaché à la Cour de Marguerite d'Autriche, car on voit son nom écrit à la tête de quelques pièces en musique, qui se trouvent dans la Collection de Chansons, qui avait appartenue à cette Princesse, et qui était encore en 1793 dans notre Bibliothèque de Bourgogne. Guillaume Crétin et François Rabelais font mention d'Agricola, et Le Maire des Belges, dans *la Plainte du Désiré*, en fait l'éloge en ces termes :

 Bien finiray par un tel chant produire
 D'Agricola dont la Musique fait luire
 Le nom plus clair cent fois que vif argent.

JACQUET VAN BERCHEM, Disciple de Josquin Des Prez, se trouve désigné dans Rabelais sous le nom de Jacquet Bercum, et dans le *Bellum musicale*, imprimé en 1563, il est simplement nommé Jacquet, que je crois être son vrai nom, ayant été surnommé Van Berchem, selon le goût du temps, du lieu de sa naissance dans le faubourg d'Anvers, qui porte ce nom ; ce qui s'accorde avec ce qu'en dit Guicciardin qui l'appelle Jacques Van Berckem *de près d'Anvers*.

BRUNEL ou BRUMEL, était un des Musiciens de la Cour de la Duchesse Marguerite ; son nom se trouve désigné à la tête de la musique de quelques chansons de la Collection de cette Princesse, dont nous avons parlé ci-devant. Crétin en fait mention, ainsi que Rabelais et l'auteur du *Bellum musicale*.

COMPÈRE, cité par Crétin et par Rabelais, a composé la musique de plusieurs chansons, qui se trouvent dans le Recueil de la Duchesse Marguerite, dont nous avons parlé ci-dessus à l'article AGRICOLA.

PIERRE DE VICQ, né en Flandre, Chanoine de l'Église Collégiale de Notre-Dame de la ville de Courtray, où il mourut en l'an 1518, fut un Maître de Musique, qui eut de la célébrité. Voici son épitaphe, qui se trouvait placée dans ladite Église de Courtray, et dans laquelle on fait mention de ses talens dans la Musique :

In tumulo Petrus de Vico conditur isto
Nobile cui nomen Musica sacra dedit
Pannonos Reges coluit Gallos et Hiberos
Omnibus ob cantum gratus et ipse fuit.

ADRIEN WILLAER, cité par Guicciardin parmi les célèbres Musiciens de la Belgique, fut Maître de Musique de l'Église de Saint-Marc de la ville de Venise, où il fit imprimer, en 1542, des Motets, ou Chansons sacrées.

CYPRIEN RORUS, né à Malines en 1516, après avoir voyagé dans différens endroits, s'arrêta à Ferrare, où il fut Maître de Musique de la Chapelle du Duc Hercule II de ce nom ; il passa de là à Venise, dans laquelle ville il devint Maître de Musique de l'Église de Saint-Marc ; appelé ensuite par Octave Farnèse II de ce nom, Duc de Parme et de Plaisance pour être Directeur de la Musique de sa Chapelle, il se rendit à Parme, où il mourut en l'an 1565. Il a composé quelques ouvrages de Musique, qui ont été imprimés en Italie.

HENRI ISAAC fut attaché à la Cour de la Duchesse Marguerite : son nom se trouve désigné à la tête de quelques chansons du Recueil, qui avait appartenu à cette Princesse, et dont nous avons parlé ci-devant.

PIERRE DE LA RUE fut également attaché à la Cour de la Duchesse Marguerite ; son nom se trouve écrit dans quelques chansons du Recueil susmentionné. Il est fait mention de ce Musicien dans Rabelais et dans le *Bellum musicale*.

Jean Fuisnier, natif de la ville d'Ath, était, selon Guicciardin, savant et excellent Musicien, Docteur en Droit, Poëte lauréat et célèbre Mathématicien ; il fut Directeur de Musique de Jean Gebhard, Archevêque de Cologne, Précepteur des Pages de l'Empereur Charles-Quint, et il accompagna cet Empereur, en qualité de Musicien, dans la fameuse expédition de Tunis.

Jean Mouton, Musicien Belge, dont il est fait mention dans Guicciardin et dans Rabelais, fut Disciple de Josquin Des Prez ; il composa des Motets, dont quelques-uns ont été imprimés à Lyon.

Orland de Lattre, né à Mons en l'an 1520, parcourut différens endroits de l'Italie, et fut Maître de Musique dans la ville de Naples, où il prit le nom de Orlandus Lassus, que les Italiens ont traduit en *Orlando di Lasso*. De Naples il passa à Rome, où il obtint la place de Directeur de Musique de la Chapelle de Saint-Jean de Latran. En l'an 1557, après avoir voyagé en Angleterre, il alla occuper la place de Directeur de la Musique d'Albert, Duc de Bavière, et mourut à Munich en 1593. Ce grand Maître fut appelé le *Prince des Musiciens* de son temps ; il a composé plusieurs pièces de Musique. Le Magistrat de Mons lui fit ériger une Statue dans l'Église de Saint-Nicolas.

(D)

(D)

Comme il est juste de faire connaître au Public les Personnes qui par leurs Dons ont bien mérité de la Bibliothèque publique de Bruxelles, j'en présente ici la Liste (1), dans laquelle on sera peut-être surpris de ne pas trouver le nom de plusieurs notables, qui jouissaient pour lors de places honorifiques et lucratives, même dans la partie de l'Instruction publique.

Dates de leurs Dons.   Noms et Profession des Donataires.

9 Juillet 1771. Robertus de Bavay, Abbas Villariensis, Ordinum Brabantiæ assessor.

18 Juillet 1771. Carolus de Colins d'Heetvelde, Abbas Eenamensis in Flandria, a consilio statûs.

22 August. 1771. Nicasius de Leville, Abbatiæ S. Amandi Alumnus.

31 August. 1771. Robertus de Lezenne, Abbas 39.us Sancti Martini Tornacensis.

___

(1) Cette Liste est extraite du volume en vélin, dont nous avons parlé à la note, page 28.

| Dates de leurs Dons. | | Noms et Profession des Donataires. |
|---|---|---|
| 10 Sept. | 1771. | Joh. Bapt. Verdussen, Scabinus Antverpiensis, Acad. Bruxel. socius. |
| 11 Sept. | 1771. | G. J. Gerard, Secretarius Regius ac Imperialis, Bruxellensis Acad. Socius et à Secretis. |
| 25 Sept. | 1771. | Josephus de Crumpipen, Brabantiæ Cancellarius, Præses Acad. Bruxellensis. |
| | 1771. | Turberville Needham Canonicus, Académiæ Imper. Bruxel. Socius et Director. |
| | 1771. | Celsissimus Princeps Georgius Adamus à Starhemberg. |
| 20 Octob. | 1771. | Egidius Warnots, Abbas S. Jacobi in Montefrigido Bruxellæ. |
| 3 Januari | 1772. | Michael Gosin, Abbas Helissemiæ, Ordinum Brabantiæ assessor. |
| 9 Januari | 1772. | Josephus Motte, Abbas S. Dionisii in Hannonia, Ord. S. Bened. |

| Dates de leurs Dons. | Noms et Profession des Donataires. |
|---|---|
| 15 Januari 1772. | Gabriel Carolus Josephus Del Marmol, Bruxellensis. |
| 17 Januari 1772. | Melchior Van Velde de Melroy, Bruxellensis. |
| 1772. | Serenissimus Princeps Carolus Alexander, Dux Lotharingiæ et Bari. |
| 4 Aprilis 1772. | Malachias d'Hocquart, Abbas Camberonensis, Ord. Cist. in Hannonia. |
| 9 Aprilis 1772. | Franciscus Generé, Abbas Parchensis, Ord. Præm. Ordinum Brab. Assessor. |
| 14 Aprilis 1772. | Decanus et Canonici Ecclesiæ Tornacensis. |
| 22 Aprilis 1772. | Adrianus de Houze, Abbas Bonæ Spei, Ord. Præm. in Hannonia. |
| 8 Julii 1772. | Renatus Heye, Abbas Trunciencensis, Ord. Præm. in Flandria. Carolus Maria Rasmundus, Dux d'Aremberg. |

| Dates de leurs Dons. | Noms et Profession des Donataires. |
|---|---|
| 2 Augusti 1772. | Emmanuel, Comes de Licktervelde. |
| 10 Augusti 1772. | Joan. Bapt. Chevalier, Lusitanus, Acad. Bruxel. Socius, Bibliothecarius. |
| 12 Augusti 1772. | Decanus et Canonici Ecclesiæ Collegiatæ S. Vincentii Sogniaci in Hannonia. |
| 8 Sept. 1772. | Stephanus de Frenne, Abbas Grandis Prati, Ord. S. Bened. in Comit. Namurcensi. |
| 18 Sept. 1772. | Armandus Cazier, Abbas S. Gisleni, Ord. S. Bened. in Hannonia. |
| 27 Sept. 1772. | Engelbertus del Forterie, Abbas de Bodeloo, Ord. Cisterc. in Flandria. |
| 28 Sept. 1772. | Robertus Van Weveren, Abbas S. Mariæ de Dunis, Ord. Cisterc. in Flandria. |
| 14 Octob. 1772. | Senatus Populusque Urbis Bruxellensis. |

NOTES.

| Dates de leurs Dons. | Noms et Profession des Donataires. |
|---|---|
| 15 Octob. 1772. | Robertus Van Adorp, Abbas S. Adriani Gerardimontensis, Ord. S. Bened. |
| 20 Octob. 1772. | Stephanus Scoltus, Abbas Aureæ Vallis, Ord. Cisterc. |
| 24 Octob. 1772. | Michael Horman, Abbas in Echternach, Ord. S. Bened. |
| 25 Octob. 1772. | Fredericus Vanden Eecke, Abbas S. Cornelii Ninoviensis, Ord. Præmonst. |
| 28 Octob. 1772. | Gudwalus Seiger, Abbas S. Petri in Monte Blandinio juxta Gandavum, Ord. S. Bened. |
| 28 Octob. 1772. | Siard Vanden Eynde, Abbas S. Mariæ in Tongerloo, Ord. Præm. Ordinum Brabantiæ Assessor. |
| 4 Nov. 1772. | Marcellus De Vos, Abbas S. Michaelis Antverpiensis, Ord. Præmonst. Ordinum Brabantiæ Assessor. |
| 10 Dec. 1772. | Govardus Gerardus Van Eersel, Episcopus Gandavensis. |

| Dates de leurs Dons. | Noms et Profession des Donataires. |
|---|---|
| 4 Januarii 1773. | Lancelotus Ignatius Josephus, Baro de Gottignies, Ordinum Hannoniæ Assessor. |
| 10 Januarii 1773. | Josephus Albertus Ferdinandus Gilain de Vischer, Baro de Celles, Ordinum Brabantiæ Assessor. |
| 13 Januarii 1773. | Ildephonsus Vanden Bruel, Abbas Vlierbacensis, Ord. S. Bened. Ordinum Brabantiæ Assessor. |
| 14 Januarii 1773. | Norbertus Bruydonch, Abbas loci S. Bernardi ad Scaldim, Ord. Cisterc. Ordinum Brabantiæ Assessor. |
| 20 Januarii 1773. | Decanus et Canonici Cathed. Eccl. S. Bavonis Gandavensis. |
| 23 Januarii 1773. | Collegium Civium Bruxellensium Braxatorum, seu Cerevissæ confectorum. |
| 25 Febr. 1772. | Joan. Robertus Gislenus Caïmo, Episcopus Brugensis, Flandriæ Cancellarius. |

NOTES.

| Dates de leurs Dons. | | Noms et Profession des Donataires. |
|---|---|---|
| 28 Febr. | 1773. | Joan. Bapt. Sneyers, Fratrum Minorum Recollect. Provincialis inferioris Germaniæ. |
| | 1773. | Franciscus Gabriël Josephus Marchio de Chasteler, et de Courcelles. |
| | 1773. | Henricus Gabriel Van Gameren, Episcopus Antverpiensis. |
| | 1773. | Gisbertus Halloint, Abbas Averbodiensis, Ord. Præm. Ordinum Brabantiæ Assessor. |
| 12 April. | 1773. | Albertus, Baro d'Overschie - Neerysche. |
| 28 April. | 1773. | Assessores ac Delegati Ordinum Ducatûs Brabantiæ. |
| 15 May | 1773. | Adrianus de Renesse, Abbas S. Gertrudis Canonic. Regul. S. Aug. Ordinum Brabantiæ Assessor. |
| 4 Junii | 1773. | Petrus Franciscus Carolus Vicomes de Vooght. |
| 30 Julii | 1773. | Augustinus Mann, Prior Carthusianorum Anglorum Neoporti. |

| Dates de leurs Dons. | | Noms et Profession des Donataires. |
|---|---|---|
| 20 Sept. | 1773. | Petrus Vincentius Delmoitie, Prior in Sylva Domini Isaac. |
| 6 Nov. | 1773. | Joan. Henr. Josephus de Beeckman Vieusart, Scabinus Bruxellensis. |
| 12 Nov. | 1773. | Senatus, Populusque Urbis Antverpiæ. |
| 10 Dec. | 1773. | Joan. Josephus Haeghen, Abbas Rodæ Ducis, Ord. Canonic. Regul. S. Aug. |
| | 1774. | Joan. Bapt. Sophie, Abbas Grimbergensis, Ord. Præm. Ordinum Brabantiæ Assessor. |
| Mense Sept. | 1774. | Assessores ac Delegati Ordinum Comitatûs Flandriæ. |
| | (1775) | Prior Viridis Vallis vulgo Groenendael, Ord. Canonic. Regul. S. Aug. |
| 13 Martii | 1777. | Vicecomes de Haro et Enghuse. |
| | 1777. | Comes de Stanhope, Anglus. |

FIN DES NOTES.

www.ingramcontent.com/pod-product-compliance
Lightning Source LLC
Chambersburg PA
CBHW051914160426
43198CB00012B/1894